"十二五"国家重点图书出版规划项目

幼儿园课程资源丛书　丛书主编　虞永平　张斌

「十二五」国家重点图书出版规划项目

书屋的故事
幼儿图书馆建设与利用

主编　宁征
主审　秦奕

南京师范大学出版社

中国书画家协会常务副主席陈敬国先生题

总序

"幼儿园课程资源丛书"是南京师范大学课程研究中心和全国十六所幼儿园历经五年探索、关于幼儿园课程建设的阶段成果,是幼儿园课程前沿研究与草根实践对话的产物,是对我们所持的课程理念在现有条件下的一种诠释。

《幼儿园教育指导纲要(试行)》提出:"幼儿园应与家庭、社区密切合作,与小学相互衔接,综合利用各种教育资源,共同为幼儿的发展创造良好的条件。"这种利用资源、创造条件的提法反映了课程建设的思想,意味着幼儿园的课程实践不应是对现成教材或已设计好的活动方案的搬演,而应是由执教者们主要规划,集家庭、社区之合力,以促进幼儿发展为追求的系列事件。本丛书正是对十余所幼儿园课程建设过程的展示和建设成果的提炼。历经五年的探索,我们主要有如下思考与各位读者分享。

首先,结合园所地缘优势与文化特点,开发并利用优质课程资源,能够较为迅速、便捷、有效地促成幼儿园课程建设的良性、快速发展,促进教育质量提升。可以说,课程资源开发是幼儿园进行课程建设的主要内容和便捷抓手。

其次,幼儿园课程建设应注重对正确教育理念的持守与课程内涵的建构。幼儿的健康成长与全面发展是幼儿园课程建设的出发点与落脚点,这一规约意味着幼儿园课程的优劣取决于其对促进幼儿发展的价值高低,而非课程模式的形态。分科也好、融合也罢,这仅是幼儿园课程的组织架构形式,是中性的,其对课程效果的影响作用微乎其微,决定幼儿园课程品质的一定是其所蕴含的教育理念。

第三,幼儿园课程资源利用不是对生活的简单复制,它永远呼唤着超越生活的发展诉求。虽然幼儿园课程具有生活化的特质,可供利用的课程资源往往都是生活中常见的事物或事务,但机构教育的使命使得它所利用的课程资源应依据幼儿需求不断变换,教师需要发现蕴含在这些同质异态的资源中的永恒价值,从而帮助幼儿在直接经验的基础上生成更加上位、升华的心理品质。

第四，建设幼儿园专题活动区是一种有效的课程资源开发途径。专题活动区是教师为了满足幼儿的内在需求、促进幼儿发展，通过组织某一类物质或精神资源而创设的，供幼儿在特定领域从事可持续、较体系化的探索、游戏和学习活动的空间。丛书中呈现的图书馆、博物馆、种植园、饲养区、科学发现室、炊事室、民间工艺坊和表演区等都可以视作专题活动区。实践发现，幼儿园的专题活动区创建为课程资源标定了方向，为梳理课程资源贡献了思路，为整合课程资源提供了平台。

第五，课程建设是任何幼儿园都能够胜任且应当开展的工作。参与本研究的幼儿园有相当一部分地处乡镇，是首次尝试如此系统的课程建设，尽管遭遇过困境、产生过疑惑，但如各位读者将看到的——无论基础如何，实验园所都成功地完成了将某个常见资源"课程化"的任务，都颇具创新性地开启或完善了园本课程开发，都收获了一系列具有操作价值的课程建设经验，都实现了让幼儿在生活化的学习内容、游戏化的学习形式中成长的核心目标。这充分说明，优质的幼儿园课程的建设绝不是某些"科研好的"幼儿园的专利。进行课程建设更多需要的是践行的勇气和科学的观念。

参与丛书前期研究及编写工作的有常熟实验小学幼儿园、东营市利津县第二实验幼儿园、南京市梅花山庄幼儿园、南京市太平巷幼儿园、南京市雨花区实验幼儿园、青岛市实验幼儿园、泉州市机关幼儿园、厦门市第九幼儿园、深圳市教育幼儿园、苏州高等幼儿师范学校附属花朵幼儿园、无锡市港下中心幼儿园、吴江市金家坝中心幼儿园、扬州市公道中心幼儿园、宜兴市湖㳇镇中心幼儿园、张家港市万红幼儿园、珠海市蓝天小耶鲁幼儿园，担任丛书评审的有南京晓庄学院的华希颖、南京特殊教育职业技术学院的秦奕、南通大学的陶金玲、南京师范大学的郑蓓、南京特殊教育职业技术学院的张丽莉、常熟理工学院的张斌（以上排名均不分先后），是你们的实践探索与理论点评使丛书的诞生成为可能，在此深表感谢。

特别感谢南京师范大学出版社的万斌主任及编辑为丛书出版发行所付出的辛劳。

最后需要强调的是，课程资源开发一如幼儿园课程本身，没有既定的模式或程式，本丛书所呈现的只是众多可能性中的一小部分，对这些幼儿园来说，创建专题活动区是一个相对有效的途径，但也许这并不是最好的方式。我们期待本丛书能够抛砖引玉，带来幼儿园课程资源开发的更多活力与经验。

虞永平　张　斌

2014 年 5 月

序言

  青岛市实验幼儿园《书屋的故事》一书源自近二十年基于问题探究意识和行动研究取向的实践探索。与幼教界常见的"跟风式"研究不同,该园的早期阅读经验并非来自于对某一理论或现成课程模式的崇拜,而是立足于一线班级中幼儿和教师的真实问题,伴随着幼儿、教师和家长的深度阅读体验与激情,在开放教育课程研究的土壤中开出了早期阅读的绚烂之花。在这样的良性阅读生态环境中,宁征园长带领其团队成员又不断突破,展开了扎实而有效的深度课程研究,由此将阅读融入幼儿生活,逐渐以图画书为载体,将其提升为幼儿生活的一种良好习惯和学习方式。

  以上感受来自近五年来我对青岛市实验幼儿园关于早期阅读及其儿童文学研究的密切关注及真实体验。2010年受宁征园长邀请,我首次进入幼儿园的教学研究现场,以"幼儿文学:学前教育的珍贵资源"为题,从作为教育资源的儿童文学角度,与园长和老师们分享了我的研究感悟。在互动交流过程中,我也首次开始了解该园致力于形成教师和幼儿良好阅读素养的积极热情与实在行动。令我感动的是,在全社会阅读氛围还有待加强的当下,有这样一所幼儿园坚守着自己的教育理想,潜心做着为幼儿终身发展负责的前瞻性系统研究。正是这种精神和态度感染了我,引起了我对该园的长期关注。在浏览关注青岛市实验幼儿园网站中关于早期阅读和儿童文学研究的信息之后,特别在阅读该园陆续出版的《让童稚的心灵拥有开放的空间》《幼儿园开放课程》和《幼儿园开放课程故事》等系列专著后,我更加坚信这所幼儿园所倡导的书香氛围已经突破了单纯的幼儿园语言领域教育,而是成为引领家长乃至整个社区开展早期阅读活动、提升阅读体验的舵手。

  我们知道真正讲好书屋里的故事并不是一蹴而就的事情。青岛市实验幼儿园开创性地创建"园级图书馆""班级图书馆"和"蒲公英图书馆"三级互动机制,整合幼儿园、家庭和社会的课程资源，从而最大限度地达成利用图画书资源促进幼儿、家长和教师发展的最终目的。这些年来，青岛市实验幼儿园坚持阅读常态化的课程理念，将阅读贯穿于日常教育教学和幼儿学习生活的各个环节，由此启迪了教师智慧，润泽了幼儿心灵，提升了幼儿园文化，营造出有深度、有内涵的"书香校园"氛围。

我眼中的青岛市实验幼儿园是一个善于研究、乐于分享的团体，他们不故步自封，积极参加社会实践活动，愿意主动将其认为有益或值得推广的经验与同行分享。在2011年7月中国教育学会家庭教育委员会举办的"亲子阅读·书香中国"激励计划评奖活动中，青岛市实验幼儿园获"书香满园"称号，其中该园9个班级被评为"书香班级"、12个家庭被评为"书香家庭"。宁征园长在此次会上做了"让阅读润泽儿童心灵"的专题分享，全面介绍了幼儿园书香建设的经验和做法。宁征园长多年来对打造一个充满书香的幼儿园的不懈努力与追求得到了社会各界的认可和赞扬。宁征园长还多次为同行做阅读方面的专场报告。2010年3月，山东省幼儿园儿童阅读专场研讨会在青岛召开，宁征园长应邀为来自全省各地的600余名幼教同仁做"让阅读润泽儿童心灵"的专题报告；同年10月，宁征园长参加青岛市"十二五"中小学教师读书实践工程阶段性成果交流会，做"营造书香氛围，培植阅读精神"的大会发言，就教师、幼儿和家长阅读素养的提升策略进行分享，引起了强烈反响。2013年，宁征园长荣获青岛市教育局"十佳读书推荐校（园）长"，青岛市实验幼儿园还有1名教师荣获"读教育名著，做智慧教师"先进个人，部分教师围绕着阅读发表了数篇文章。可以说，青岛市实验幼儿园"书香校园"建设功底扎实，成效显著，十分具有推广价值。

基于青岛市实验幼儿园团队已经做出的不懈努力和业已取得的优秀成果，本人真切祝愿"书屋的故事"能走得更远，启迪更多幼儿教师和家长去关注幼儿早期阅读的萌芽，相信幼儿的明天就是我们整个民族的希望！

应园长宁征的请求，是以此为序。

中国海洋大学文学院研究所所长　朱自强
2015年6月1日

目录

总序 001

序言 001

写在前面的话 001

第一章 幼儿图书馆的创建与利用 003

　第一节　园级图书馆的创建与利用　004

　　　一、园级图书馆的创建　004

　　　二、园级图书馆的利用　007

　第二节　班级图书馆的创建与利用　010

　　　一、班级图书馆的创建　010

　　　二、班级图书馆的利用　017

　第三节　"蒲公英"图书馆的创建与利用　028

　　　一、"蒲公英"图书馆来了　029

　　　二、"蒲公英"图书馆名字的由来　033

　　　三、"蒲公英"图书馆开始借书啦　036

　　　四、"蒲公英"图书馆的故事　036

第二章 书屋里的"阅读节"故事 041

　第一节　"阅读节"的由来　041

　　　一、教育现实中的问题　042

　　　二、专家学者的观点　043

　　　三、教师的专业成长需求　043

四、幼儿、家长、教师的关系 044

第二节 "阅读节"的方案 045

一、明确"阅读节"主题和时间 045

二、策划"阅读节"重要活动内容 045

三、做好相关筹备工作 046

第三节 "阅读节"的启动 047

一、启动仪式中的园长讲话 048

二、为幼儿赠送图画书 048

三、为教职工赠送图书 048

四、倾听家长感言 049

五、分享名人读书故事 049

六、隆重的颁奖仪式 049

第三章 书屋里的幼儿故事 060

第一节 图画书的乐趣 060

一、我喜欢的图画书 060

二、将图画书带入生活 061

三、小小"创客" 063

第二节 图画书创意故事 064

一、《点点和多咪的信》——点燃幼儿创作的火花 064

二、《母鸡萝丝去散步》——激发幼儿创作的欲望 070

三、《勇气》——引发幼儿创作的灵感 078

四、《我的连衣裙》——释放幼儿创作的潜能 082

第三节 图画书表演 091

一、引发表演的乐趣 091

二、搭建表演的舞台 092

三、体验表演的快乐 094

第四章　开放课程中的书屋故事　099

第一节　教师阅读故事　099
　　一、读书沙龙　100
　　二、互动研究　102

第二节　图画书在主题活动中　104
　　一、依据主题内容选择图书　104
　　二、根据主题编排图书　105
　　三、开放课程中的欣赏与创作　106
　　四、小书展　106

第三节　图画书在区域活动中　121
　　一、阅读区的欣赏创作　121
　　二、表演区的体验表达　122
　　三、美工区的临摹创作　124
　　四、科学区的问题揭秘　126
　　五、建构区的构想搭建　126

第四节　图画书在幼儿生活中　129
　　一、图画书与幼儿情感　129
　　二、图画书与幼儿自理能力　131
　　三、图画书与幼儿交往　133

第五节　图画书在集体活动中　135
　　一、图画书扩展幼儿主题经验　135
　　二、图画书引发幼儿经验共享　136
　　三、图画书激发幼儿探究欲望　137
　　四、图画书帮助幼儿解决问题　138

第五章　家庭教育中的阅读故事　140

第一节　家长朋友的阅读故事　140
　　一、家长朋友的阅读问题　141

二、给家长朋友的支持　144

第二节　多元活动中的家庭阅读　149

一、家长阅读沙龙活动　149

二、家园共赏图画书　153

第三节　在"公共阅读区"　161

一、营造家庭般的公共阅读区　163

二、丰富书源,保持公共阅读区域的吸引力　163

三、在阅读中提升亲子阅读水平　164

四、在"小剧场"　168

一路走来　175

写在前面的话

朱永新教授说过:"一个人的精神发育史就是他的阅读史,一个民族的精神境界取决于国民的阅读水平,一个没有阅读的学校永远不可能有真正的教育,一个书香充盈的城市一定是美丽的城市。"如果幼儿在生活中常常有图书相伴,阅读就会成为他们生活、学习的一种方式,这对幼儿的健康发展将起到不可估量的作用。20世纪90年代中期,青岛市实验幼儿园开始重视幼儿图书馆的建设,每年为幼儿图书馆购买添置一定数量的图画书,孩子们可以每周一次到幼儿图书馆借一本自己喜欢的图画书,带回家中与爸爸、妈妈或看护人一起阅读。幼儿将幼儿园图书带回家中,与同伴分享后再归还图书馆重新借阅。此项图书借阅和分享活动一直延续至今。

青岛市实验幼儿园的园级图书馆创建于1994年,至今已有21年的历史。它走的是一条边建设、边研究、边发展的成长之路。现在我园的园级图书馆已拥有涉及幼儿自我认识、生活习惯和能力养成、社会性情感培养、大自然和大社会方面的科学认知、艺术作品欣赏、国内外经典百科全书、童话故事、民间传统故事、民间传统诗歌等内容广泛的图画书。

《书屋的故事》是基于我们行动研究的教育实践产物。随着对园本课程的深度实践研究,我们越来越觉得阅读对一个人的精神发育是何等的重要,对一所幼儿园的文化积淀是何等的重要,对一个社会的文明发展是何等的重要,对一个民族的伟大复兴是何等的重要。因此,如何让阅读成为幼儿生活和学习中的一种良好的习惯和方式,一直是我和我的研究团队成员们所高度敏感和密切关注的问题。

在教育现场，我们发现无论是教师，还是幼儿，抑或家长们，对图画书的选择、阅读都还缺乏兴趣。班级创设的图书区，开学初投放了20至30本左右的图画书，到学期末再去查阅，所投放的书有减无增，有些书已破损得厉害，到了不堪入目的程度。园领导在走进教育现场，随机请几名幼儿阅读其中的几本图画书时，孩子们对这些书既表现出陌生，又不会正确地阅读。在与部分家长的互动、访谈中，我们得知，家长们对图画书在幼儿生活和学习中的重要性的认识程度不容乐观，多数家庭没有为孩子购买图画书，而是购买成型玩具、操作遥控玩具、拼摆玩具居多，孩子们离园回家后的首选活动便是观看动画片。基于对上述现状的思考，自2006年起，我提出了在幼儿园、班级和家庭中强化对幼儿进行图画书的阅读研究，以解决教育现场和家庭中存在的突出问题。

本书共分五章，第一章"幼儿图书馆的创建与利用"，是对创建"园级图书馆""班级图书馆""蒲公英图书馆"意义的定位与认识，以及如何发挥三者的作用，以促进幼儿园和家庭间共同培育幼儿良好阅读习惯。第二章"书屋里的'阅读节'故事"，以"阅读节"的设立和启动为案例，凸显在具体的实践操作中如何利用图画书营造浓厚的阅读氛围，以及如何将幼儿的有意义阅读渗透到庆祝节日活动中，使"阅读节"成为我园庆"六一"和营造书香校园的标志性文化符号。第三章"书屋里的幼儿故事"，展现了如何引导幼儿对喜爱的图画书进行欣赏与创作，到将图画书引入幼儿的生活中，以及如何引导幼儿以图画书为切入点，进行自主欣赏与创作、同伴间欣赏与扮演等创生性活动，使幼儿在欣赏、扮演、创作中体验阅读带来的愉悦和幸福，从而进一步体验阅读的独特魅力。第四章"开放课程中的书屋故事"，全方位介绍如何提升教师对图画书的鉴赏水平，如何让适宜的图画书成为幼儿探究不同主题的重要学习资源，以及如何有效培植幼儿的良好阅读习惯。尤其是在开放的区域活动中所开展的与阅读相关的经典案例，彰显的是开放教育研究者长期基于教育现场发现问题、分析问题、解决问题的系统反思智慧，充分体现其独具特色的开放教育课程特征，使幼儿的学习和探究更具价值。第五章"家庭教育中的阅读故事"，重点介绍家长在参与幼儿阅读过程中存在的共性问题，以及如何引导家长重视家庭阅读在幼儿成长过程中的意义和责任，采用丰富多元的策略形成家园研究共同体，高质量促进幼儿的健康全面发展,在家园共育的过程中实现双赢。

本书是青岛市实验幼儿园原生态的阶段性实践研究总结、反思和提升,是基于人文关怀的教师专业成长研究的具体体现,是基于幼儿养成以书为友、与书为伴良好习惯的一种期待,是基于构筑家园共同体伙伴关系的实践研究的具体探索体验。由于是来自一线园领导和教师们的原生态教育研究体验,本书难免会存在诸多不尽人意之处,万望读者、专家、同仁们指正为盼。

青岛市实验幼儿园　宁　征

2015 年 4 月 19 日

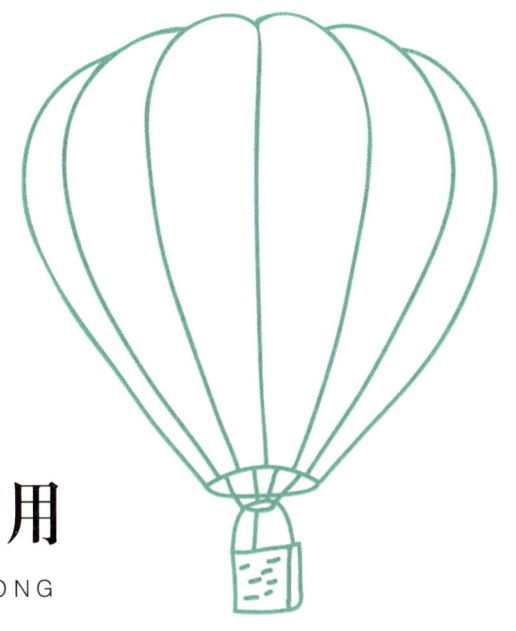

幼儿图书馆建设与利用

YOUER TUSHUGUAN JIANSHE YU LIYONG

> 第一章　幼儿图书馆的创建与利用

图书馆是传承文化的场所,它的创建也是社会文明的标志之一。苏霍姆林斯基说过,没有读书就没有教育,学校可以没有老师但是不能没有书。这话可能有点绝对,但绝对有它的道理。在一次"让我们亲近书籍"的研讨活动中,作家邓友梅先生讲过:"我只上了三四年的学,上了三四年的学就能成为一个作家的人有,但是不要忘记我读的书不比任何一个大学生少,因此受教育的年限跟学习功底不完全是划等号的,但读书学习是成功的法宝。"由此可见"好读书、读好书"对一个人可持续发展的重要性。

幼儿的阅读启蒙教育对培养幼儿阅读兴趣、形成良好的阅读习惯十分重要,我们有必要、有责任为幼儿创建良好的阅读环境。美国学者艾利(Elley)在1992年针对32个不同国家的21万名学生的研究表明,图书馆越大的学校,学生的阅读成绩就越高。科罗拉多州立图书馆的两项研究也明显指出,学校图书馆的藏书量与学生

成绩成正相关关系。在目前世界各国普遍重视阅读的状况下,儿童图书馆(包括公共儿童图书馆和中小学图书馆)的作用正在进一步彰显。美国前总统布什的夫人是图书馆管理员,在"9·11"事件发生时,布什正在佛罗里达州为小学生读故事书,这一直是图书馆界津津乐道的故事。所以,能创建幼儿图书馆,给幼儿提供丰富的阅读资源,营造一个有着非常好的读书氛围,让幼儿真正静下心来读书,自由分享、交流阅读感受和体验的幼儿园,是一个理想的、浸满书香的幼儿园。

第一节 园级图书馆的创建与利用

一、园级图书馆的创建

青岛市实验幼儿园(以下简称我园)图书馆的建立基于"开放教育"理念。"开放教育"以尊重儿童享有保护、参与、发展权利为出发点,遵循儿童自身发展的规律和特点,基于人的可持续发展的需要,以及文明社会对人才的需求;始终倡导为儿童提供支持性的学习空间,即创设良好的环境,让儿童独立地、自主地按自己的意愿,有选择地进行学习。鼓励儿童与环境、与同伴、与教师等进行多维互动,真正把学习的主动权交给儿童。

所以,"开放教育"背景下的图书馆承载了发展性的"教育爱"。它主张图画书如同玩具一样,是连接幼儿、同伴以及教师、家长之间的桥梁。图画书只有在人与人彼此内心的沟通中,才会被生动形象地讲述出来,才能被真切深刻地理解。为此,我园创设了园级图书馆,旨在为幼儿提供丰富的、不断更新的阅读资源,鼓励幼儿在自主阅读、亲子互动、同伴分享阅读经验的过程中习得阅读方法,体验阅读乐趣,养成自主借阅图书的习惯,实现"开放教育"所倡导的"让阅读润泽儿童的心灵"的价值目标。

园级图书馆为幼儿创设了积累学习、阅读、交往经验的有意义的学习情境。幼儿在有意义的情境中学习和实践,才是实现身心成长和经验改造的正当途径。园级图书馆成立后,幼儿通过借阅活动,在不知不觉中了解现实生活中图书馆的结构、规则和秩序等,从而有助于解决其在现实图书馆中可能遇到的问题,并养成会阅读的能力,获得爱阅读的情感和相关知识,实现经验改造和身心发展的目标。这是一件非常有意义的事情。

我园图书馆创建于建园的第二年,即1994年。那时,为了配合教学,教师经常到图书资料室借阅一些幼儿图书并带领班级幼儿阅读,深受幼儿的欢迎。有的读物让幼儿爱不释手,嚷着要家长买。我们想,何不满足幼儿的需求,向幼儿开放资料室的儿童图书,使其成为幼儿学习的有益资源?这样,既丰富了亲子互动的内容,又节省了家庭买书的成本。这也是我们创建幼儿园图书馆的简单初衷。

我园图书馆有稳定的、不断更新的图书资源;独立开辟的"幼儿园图书馆"场所、分类陈列的图书和专职的"图书管理员"为幼儿提供了固定的、有序的和人性化的阅读环境;明确的借阅制度有利于幼儿学会和遵守社会规则,保障幼儿行为和内在秩序的形成。

1. 图书馆的资源

随着借阅活动的开展,园长走进教育现场,敏锐地发现借阅图书对幼儿的发展蕴含着丰富的教育内涵,便不断地加大对幼儿图书馆的投入,在创建的各个分园都建立了"幼儿图书馆"。各分园共29个班藏书42 077本,面积约230平方米,一次可容纳近120名幼儿同时借阅和阅览。每个阅览室提供实物投影仪、电视、阅读体验专栏等。每个园区有专门的图书管理员来负责日常图书的登记、保管和整理工作;每个班在每周有指定的借阅时间,由承担语言教学任务的教师引导幼儿开展阅读交流、新书推荐、借阅等活动,确保了图书馆活动的正常、有序和有目的的开展。

2. 专职图书管理员提供服务

园级图书馆配有专职的图书管理员,他们不仅负责图书馆书籍的整理、信息录入和图书借阅工作,还提供新书推荐、借阅排行榜等服务来提升班级借阅的积极性。日常我们根据幼儿的兴趣、课程实施的需要,不断地搜寻和挖掘优秀的读本,来丰富图书馆的藏书,并由专职图书管理员对新进的图书进行及时的登记、信息录入,通过

"新书推荐"专栏进行公示,为幼儿的阅读提供新鲜的资讯。在新书推荐时,图书管理员会将图书的封面、梗概、经典的画面和推荐理由(适合哪个年龄段的幼儿、一些书评等)进行公示,帮助幼儿直观地认识新书,激发幼儿借阅新书的兴趣,也有助于教师和家长了解新书内容,从而有目的地引导幼儿开展借阅活动。为充分利用园级图书馆的资源,让教师重视幼儿借阅的情况,我们开展了幼儿借阅率的记录统计,以数字、表格的形式直观地呈现,极大地提高了幼儿借阅的积极性。

3. 确立图书馆的借阅制度

随着开放教育的发展,幼儿园图书馆不论硬件还是软件,都不断走向完善,我们早期阅读的观念也愈加深刻。我们迁移幼儿在班级图书馆借阅、参观青岛市图书馆的经验,确立了园级图书馆的借阅制度,以保障幼儿良好阅读习惯、社会行为和内在秩序的养成。

关于幼儿借阅图书的手续,我们采用示范、引导、协助、自主的指导策略,让幼儿模拟现实生活中借阅图书的情境,不断提高幼儿自主借阅的能力。借阅环节分为四步:

(1)幼儿还书并填写还书日期;

(2)图书管理员检查图书;

(3)幼儿自选图书;

(4)填写借阅卡。

借阅活动前,图书管理员帮助幼儿了解不同类别的图书摆放的具体位置,根据幼儿的兴趣和需要提供适宜的帮助。为方便幼儿选择、借阅图书,我们的园级图书馆的图书按照故事、百科、手工制作等进行了分类。当幼儿初次走进图书馆时,图书管理员会先让幼儿了解书架上图书的分布,再向幼儿示范取放书、取借阅卡、签字的过程,并请幼儿模仿练习。

为让幼儿理解、掌握图书借阅的方法,教师引导幼儿迁移参观市图书馆和班级图书区借阅的规则等经验,组织幼儿讨论"幼儿园图书馆的借阅规则"(即借阅制度),并表征呈现在图书馆醒目的地方。生动形象、简洁明了的表征符号和图示,向全体幼儿诠释了如何做文明、有序的小读者,为幼儿自主借阅提供了支持和帮助。

图1-1　幼儿创作的班级借阅表(1)　　　　图1-2　幼儿创作的班级借阅表(2)

图1-3　幼儿创作的班级借阅表(3)　　　　图1-4　幼儿创作的班级借阅表(4)

经过讨论,幼儿和教师共同制定的图书借阅规则如下:

1. 借阅图书时保持安静,有秩序地进行借阅。
2. 每次只能借阅一本图书。
3. 每次借阅图书的期限为一周。
4. 爱护图书,保持图书的整洁与完整。
5. 及时还书,以免影响幼儿园的正常教学。
6. 若图书丢失,应进行赔偿,赔偿后可以继续借阅。

二、园级图书馆的利用

（一）导读提升幼儿借阅的目的性

针对幼儿在图书馆阅览、借阅图书时的不确定性、盲目性等特点,我们开展导读活动,帮助幼儿了解图书馆的藏书内容,让他们及时知晓最新书目,激发幼儿借阅的积极性,提升借阅的目的性。一是教师根据主题需要开展导读,丰富和拓展幼儿的主题经验。如在"勇敢的消防队员"主题中,教师向幼儿推荐绘本《小象消防员》《忙忙碌碌镇》《出发,消防车》,让幼儿通过阅读了解火与人们生活的关系、消防队员的工作和消防自救的常识。二是围绕幼儿探究兴趣和问题开展导读。在日常生活、主题推进过程中,幼儿经常会萌发出许多奇思妙想和有价值的问题,图书恰恰蕴含着幼儿探究的需求,教师查阅相关的图书并带领幼儿开展导读,满足幼儿的探究欲望。如在一次户外远足活动中,幼儿对幼儿园附近的一处工地上各种各样的工程车产生了浓厚的兴趣,教师便推荐了《咕噜咕噜转》《忙忙碌碌镇》《第一次发现》等图书。三是根据幼儿个性发展需要开展导读。幼儿期是养成行为习惯、形成良好性格和品质的关键期。有许多绘本贴近这一时期幼儿的生活,可以让幼儿在阅读中找到另一个"自己",在与图书的交融中学会交往、学会生活。如针对幼儿缺乏同伴交往、关爱他人的情感,教师可为幼儿导读《好吃的蛋糕》《森林舞会》《两只羊》《弗洛格系列故事》等。导读受到了家长和幼儿的一致好评,也使得幼儿园图书馆丰富的藏书被全园幼儿充分利用,激发了幼儿的阅读兴趣,拓展了他们的阅读面,从而提升了幼儿阅读的目的性和广泛性。

(二)多形式的阅读分享,提升幼儿阅读的水平

幼儿的借阅活动有了教师的参与、引领和提升,才会变得有意义。在每周一次的借阅活动中,由教师有计划、有目的地利用半个小时的时间开展分享、导读和借阅的活动,使幼儿个体的阅读经验得以分享,促进了班级幼儿整体阅读兴趣和水平的提升。

1. 深入阅读焦点图书,持续分享

结合导读书目以及幼儿感兴趣的图书,教师会连续几周在分享环节中,引导幼儿交流阅读发现和体验,以帮助幼儿深入地阅读、赏析图书,满足阅读愿望,共同体验、分享交流的快乐。如《不一样的卡梅拉》讲的是母鸡卡梅拉和她的儿女们卡梅利多、卡门的历险故事,惊险而幽默。卡梅拉家族里的每个人都是那样的与众不同,它们敢于幻想,更敢于尝试别人不敢想的事情。幼儿深深地为故事所吸引,他们踊跃借阅,谈论卡梅拉家族的遭遇。教师追随幼儿的兴趣,持续地在分享环节中与幼儿交流阅读体验,幼儿在分享环节中了解到《不一样的卡梅拉》系列丛书有七本——《我想去看海》《我想有颗星星》《我想有个弟弟》《我去找回太阳》《我爱小黑猫》《我

能打败怪兽》《我要找到朗朗》等,幼儿乐此不疲地展示阅读中令自己捧腹、惊讶和惊喜的图画片段。他们发表自己的见解:我喜欢《我去找回太阳》,皮迪克打鸣失败,卡门和卡梅利多很伤心,它们要去找回太阳;《我想去看海》中的卡梅拉想去看海,可是,爸爸不同意,但他很勇敢,自己克服困难去了大海,看到了美丽的风景,还遇到了哥伦布船队;《我爱小黑猫》里,一次偶然的机会,小胖墩钓上了一个大麻袋,而里面装着一只小黑猫,小鸡能养猫,太有趣了……幼儿在互动交流中不断加深对图画书角色、情节的认识和理解,他们争相借阅,有的甚至提前约定交换借阅图书,并由起初的谈论情节,发展到猜想、创编新的故事情节。

2. 广泛分享,拓展阅读的广度

分享为幼儿提供互相倾听阅读心得的平台,也有利于幼儿拓展借阅的内容。教师给幼儿充足的自由交流时间,让幼儿彼此展示图书,说说读了什么书、是什么内容。幼儿在宽松的气氛中交流,结合画面互相讲述图书内容,共同的话题、共同的语言促进了幼儿对自己以往不关注或不感兴趣的图书的关注,拓展了幼儿借阅的广度。如《不一样的卡梅拉》系列丛书,小鸡卡梅拉的遭遇深得幼儿的关注,每逢借阅分享之时,感兴趣的幼儿会热烈地谈论卡梅拉的趣事,有的还私下协商转借;喜欢汽车的男孩子们,会分享《忙忙碌碌镇》《咕噜咕噜转》,吸引了不曾借阅此类书籍的女孩子们,她们也被书中有趣的、新奇的汽车所打动,使得此系列书籍成为借阅的热点。

3. 个别幼儿分享,共享阅读经验

经过一周的家庭亲子阅读,幼儿有了不同的阅读收获和体验。因此,教师给每个幼儿提供讲述自己所借图书的机会,让幼儿重温与图书对话的过程,让幼儿在相互交流中分享阅读的快乐。教师巡回指导,倾听每个幼儿的阅读体验,捕捉幼儿讲述的亮点,为集体分享图书做好准备。在此过程中,教师对个别不乐于表达、内向的幼儿给予鼓励。教师以每周"故事大王"的活动形式,请个别幼儿在投影仪上呈现图书,引导其边翻图书边向集体分享讲述。采用完整讲述、片段讲述、合作讲述等方式,分享上周教师的导读图书或自借图书,而教师则重点围绕角色语气、词汇运用、故事讲述的完整性和连贯性进行点评。并通过评选"故事大王""故事小明星"等活动,激励幼儿参与分享讲述的积极性,从而不断提升幼儿的讲述水平和借阅质量。

第二节 班级图书馆的创建与利用

班级图书馆是以班级为单位、具有班级特色、面向班级成员开放的图书馆。它可满足幼儿随时、随地阅读的需要,使阅读成为幼儿的一种自觉行为和习惯;从班级图书馆中幼儿对图书的喜好和选择上可发现幼儿的兴趣,为主题课程的实施与推进找到切入点和可利用的资源,从而丰富和拓展幼儿的主题经验;班级图书馆中不同种类的图书可满足班级幼儿不同的阅读兴趣和需要,解决幼儿遇到的个性化问题,促进幼儿健康、快乐地成长。

一、班级图书馆的创建

班级图书馆的图书部分是幼儿从家里带来的,有的是智力开发类图书,有的是经典绘本,有的是手工类图书,还有的是迷宫书等。见到这么多的图书后,有的幼儿直接问:"我们带来这么多的书放到哪里啊?"

其实,将各种类型的图书都放在一起并不利于幼儿选择和阅读,而如果将所有的图书分类呈现,便会为幼儿选择图书提供有效帮助。针对图书馆里的图书摆放、角色定位和活动安排,教师参照幼儿的建议,遵循幼儿已有的参观市图书馆、书城等场所的经验,与幼儿一起商讨和创设出自己的班级图书馆。

1. 给图书找朋友

教室里原来的图书区是幼儿经常光顾的区角,如何将幼儿带来的这么多书都呈现在图书区里?教师便和幼儿们展开了讨论:

教师:这么多的图书怎样才能摆放在图书区啊?

宸宸:我们这个图书区太小了,需要扩大。

佳佳:我去过的书城就是很大,有很多书。

青青:我也去书城了,一样的书是放在一起的。

教师:什么是一样的书?

涵涵：就是一个系列的书放在一起，如"聪明豆系列"都放在一起。

月月：对，一种书有好多都摆在一起，拿一本走了下面还有。

教师：那我们这些书怎么放？

韩韩：我们先把一样的书找到放在一起。

源源：就是一样的书摆在一起。

丁丁：我们一起把书一本本地都摆在地板上，每个人都去找一样的书先摆好。

燕子：给图书找好朋友吧！

在讨论中，幼儿迁移了参观书城和市图书馆时所获得的经验，表达了把图书先进行分类的建议。他们对给图书找朋友这件事充满了兴趣，把自己带来的图书与同伴的图书一起摆放在地板上，并进行分类呈现。

图1-5　幼儿忙碌着将图书分类摆放　　图1-6　源源把5本图书《小猪变形记》放到了一起

整个过程中，幼儿们拿着自己带来的图书，穿梭在一排排的图书"稻田"中，低着头寻找着同样的图书。他们将每一本同类的书摆放在一起的时候，都和下面的书对齐，就像在堆一座座整齐的书山。

图1-7　俊俊把一摞"不一样的卡梅拉"系列书整理好　　图1-8　皮皮和乐乐核对图书是否是同一个系列

幼儿带来的书,有的是同样的名字,有的是同一系列,有的是具有同样的作用。当同伴放错了被发现后,幼儿都会主动地帮助调整。关注到同伴分类上的统一,说明幼儿在关注自己图书的同时也关注到他人的对与错,说明大班的幼儿具备了一级分类、判断的能力。

图1-9 所有的图书整理完了,孩子们进行最后的审核

幼儿在边讨论边调整不整齐和不同类的图书的过程中,其自主性、积极性、创造性都表露无遗。在摆放的同时,幼儿也对所有的图书有了初步的了解,为今后选择图书做好了准备。当幼儿看到摆好的图书时,每个人脸上都露出满意的微笑。

当看到幼儿在按系列摆放图书的时候,教师就奇怪:幼儿不认识字怎么能把同一系列的书找到一起呢?便问他们:"你们是怎么知道这几本书是一个系列的?"程程说:"我们看书上有一样的图案。"笑笑忙拿起一本书指给我看。

图1-10 丛书标记(1)　　　　　　图1-11 丛书标记(2)

这也说明幼儿的学习方法是多元的,通过对表象的认识去观察事物,并能准确

地判断和分类。分类的方法很多,角度不同,分类的结果也不同。

2. 把图书摆到小橱上

摆在地上的图书,都找到了自己的好朋友。接下来,如何把图书摆到图书区的小橱里,又成为幼儿讨论的焦点。

教师:图书都有好朋友了,怎样摆到小橱上呢?

宁宁:我们把一个系列的放到一起。

程程:应该是迷宫的书放一个橱、谜语书放一个橱、故事书放一个橱。

佳佳:但是故事书太多了。

青青:不如这样,把神奇校车放一层、卡梅拉放一层、巴巴爸爸放一层。

小远:这样一个系列也行。

奇奇:剩下一本一本没有系列的再放到一个橱。

……

根据幼儿的建议,教师准备了很多的小橱,并按照幼儿的规划,把小橱放在相应的位置。然后,幼儿一起按照所讨论的方法把所有的书都放到了小橱里。幼儿把图书放到小橱里的时候,能自觉地摆放整齐,不需要教师提醒,这些规则都是幼儿在自主操作中形成的。

图1-12 整理后的书架

幼儿把所有的书摆好后,教师给班级图书馆拍了照片,让幼儿将此照片和去过的书城或图书馆的照片进行对比。教师帮助幼儿寻找不同,并不断丰富班级图书馆的内容。

图1-13 书城里图书分类的标志牌

教师:谁去过书城？除了你们前面说的书是分类摆的,与我们的班级图书馆有什么不同？

昕怡:我看到每一排的书架头上都会有个牌子,牌子上写着这是什么书。

教师:这个牌子有什么作用？

涵涵:让来买书的人容易找到自己想买的书。

佳佳:我爸爸就是看牌子上的字找到儿童故事书架,帮我买书的。

越越:我们也做个牌子吧。

教师:我们这个图书馆要有些什么样的牌子？

昕怡:可以把制作方面的书叫手工类。

祎祎:谜语、迷宫的书可以叫动脑类。

笑笑:还有故事类。

越越:百科书叫百科类吧！

点点:我们不会写字怎么办？

念念:没关系,我们找老师帮忙写上。

佳佳:写上也不行,我们也不认识。

笑笑:不如我们在牌子上画上画表示,然后让老师再打字。

翰翰:这个办法好！

当幼儿出现疑问时,教师不要急于介入,幼儿在交流中能将问题自然地解决,这也很好地体现了幼儿的自主学习。

教师找来了卡纸、吹塑纸等材料,幼儿在牌子上画出相应的图案。如故事类书,幼儿画了一棵大树和小鸟表示;手工类书,幼儿画了一只小手拿着剪刀在做手工表示;百科类书,幼儿画了一个问号表示等。幼儿用了既简单又具代表性的符号,为不同类别的图书制作了清晰的标志牌,让前来借书的人更容易选择图书。

图1-14 幼儿分组设计图书分类的标志

图1-16 佳佳把粘好的标志剪下来

图1-15 源源把设计好的标志图粘在吹塑纸上

图1-17 源源将画好的分类标志张贴到相应的位置

图1-18 辰辰将画好的分类标志张贴到相应的位置

图1-19　在大家的共同努力下,班级图书馆初见雏形

幼儿结合自己的亲身体验,并通过观察图片,将班级图书馆的图书进行分类摆放,同时还设计了标有类别的标志牌,使得班级图书馆整齐有序,也使得幼儿选择图书更加方便。幼儿是天生的观察者和行动者,如果幼儿提出新的思路和想法,教师应尽可能地给予支持,满足其游戏的需要。

3. 为图书馆起名字

当幼儿看着自己与同伴共同努力创设出的图书馆,脸上满是成功的喜悦。他们迫不及待地来到图书馆里选择图书进行阅读。

图1-20　幼儿选择图书进行阅读

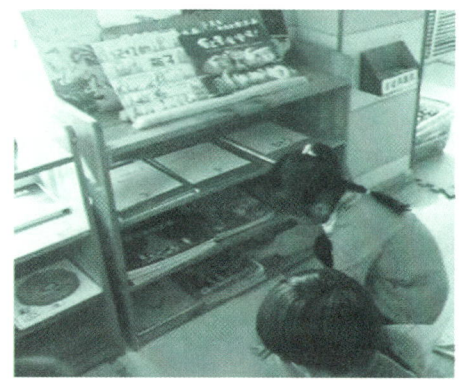
图1-21　笑笑在整理图书

有的幼儿选择了图书便席地而坐认真阅读,有的幼儿到书架前再次进行整理,有的幼儿不断调整书的位置,有的幼儿主动与同伴分享着自己的快乐体验。

越越:我们应该给图书馆起个好听的名字。

青青:对,幼儿园有个蒲公英图书馆,我们也叫这个名字吧!

笑笑：不能一样，叫爱心图书馆吧，我们要帮助有困难的人。

均均：我觉得应该叫喜羊羊图书馆，因为小朋友都喜欢喜羊羊。

程程：我觉得应该叫天才图书馆，因为我们多看书可以变成天才。

佳佳：我给起一个名字，叫龙凤图书馆，因为我们是龙的传人，凤是鸟中之王，是美的象征，爸爸妈妈希望男孩像龙一样强大，女孩像凤一样美丽，龙凤吉祥代表的是我们吉祥如意的意思，祝我们每个人都大吉大利。

当佳佳用完整连贯的语言一口气说出起名的缘由时，全班幼儿自发地给予了热烈的掌声，因为她不仅起了一个好听的名字，还介绍了富有美好意义的名字解释。教师也对佳佳能这么完整地说出名字的含义，感到惊讶。

公平起见，教师对每个幼儿的想法都给予了表扬，请幼儿对同伴所起的名字以举手方式决定，最后佳佳的"龙凤图书馆"顺理成章地高票通过。佳佳高兴地说："谢谢大家！"开心之情溢于言表，并在教师的鼓励下找来班里绘画最好的佳怡帮忙，画出龙凤图案，制作了图书馆名字的牌子。

图1-22 佳佳和佳怡制作图书馆名字的牌子

图1-23 在教师的协助下，幼儿制作完成了图书馆名字的标志

在讨论起名字的过程中，幼儿提出的观点与同伴互相碰撞，当幼儿持不同观点的时候，通过投票以少数服从多数的形式可以有效地解决这个问题。

二、班级图书馆的利用

在幼儿的共同努力下，班级的"龙凤图书馆"正式"营业"了。一"开业"，图书馆便成为区域活动中最热门的角落，每次都有接近10位幼儿前来借阅。

在最初的游戏中,幼儿自由选择所喜欢的图书进行阅读,有的是一个人阅读,有的是两个人共同阅读。"图书馆"属于社会性区域,角色游戏是折射幼儿情感、能力、认知等方面发展状况的社会性活动。

图1-24　源源自己选择了图书并独自在角落里阅读　　　图1-25　亮亮和壮壮一起阅读

图书馆要是只能看书,就失去了它本身的价值。而要从真正意义上实现角色游戏的价值,需要教师在深入观察的基础上把准幼儿角色游戏的"脉搏",根据幼儿的兴趣和已有的经验一起讨论活动内容,力求在与幼儿的互动中,丰富游戏内涵,让幼儿明确游戏的目的。

教师:你们都去过什么地方看书?

笑笑:我去过书城,那里有服务员,你找不到书的时候,她都会帮我们找的。

诺诺:爸爸带我去过青岛市图书馆,爸爸有个借书卡,这个地方不能买书只能看书,明天我把卡带来给小朋友看看。

晨晨:姨妈也带我去过青岛市图书馆,那里借的书要在他们规定的时间还上,要不会扣钱的。

青青:我去过花婆婆书屋,里面有阿姨给我们讲图书,有时候还用电视讲图书。

好好:我也去过花婆婆书屋,阿姨还让我们用纸偶表演故事。

慧慧:我们家楼下有个儿童书吧,我去过,还可以进行走迷宫比赛。

幼儿纷纷表达自己在家长的陪同下,所经历的买书、看书、借书、体验式阅读等活动。每个人的体验是不同的,在这经验碰撞的过程中,幼儿阅读的兴趣被进一步激发。那么班级的"龙凤图书馆"里要安排什么活动呢?这成为大家讨论的又一个话题。

1. 借书活动开始啦

开放教育始终强调:"幼儿要在体验中学习、在生活中学习、在游戏中学习。"建立班级图书馆的真正目的是让幼儿在里面游戏起来,而不只停留在看书的层面上。

在幼儿的交流过程中,教师发现部分幼儿在家长的带领下去过青岛市图书馆,已有了借阅图书的经验,于是教师便引导幼儿将借书的经验迁移到图书馆的游戏中。

教师:有谁在图书馆里借过书?怎样借书?

点点:我去过,需要拿着借书卡。

笑笑:那里有个服务台。

慧慧:儿童阅读区要拿户口本。

亮亮:拿借书卡可以借书。

宽宽:我见过借书卡。它上面有照片,还要填时间。

天天:后面有一本书的图案。

甜甜:每次只能借两本,最晚三十天还。

教师:我们的图书馆里要进行借书的话,还需要什么?

涵涵:我们需要有个服务台。

佳佳:我们每个人设计一张借书卡。

焦焦:还要设计一个服务员带的工作牌吧!

舟舟:需要一台电脑。

源源:还需要打卡的机器。

俊俊:我们可以自己做。

教师:你们想什么时间做啊?

聪聪:在制作区里制作吧!

乐乐:我家里有个电脑的键盘可以带来。

结合青岛市图书馆服务台的照片,乐乐第二天带来了废旧的键盘,笑笑和程程在制作区利用废旧的纸盒,一起制作了一个电脑显示器和打卡器。每个幼儿还分别

利用彩色卡纸制作了一张借书卡,并用自己喜欢的花纹进行了装饰。他们约定每次来图书馆借书时都要拿着自己所设计的借书卡。

图1-26 青岛市图书馆服务台的服务员正在为读者打卡

图1-27 笑笑和程程在制作区制作打卡器

图1-28 幼儿共同努力创设的服务台和打卡器

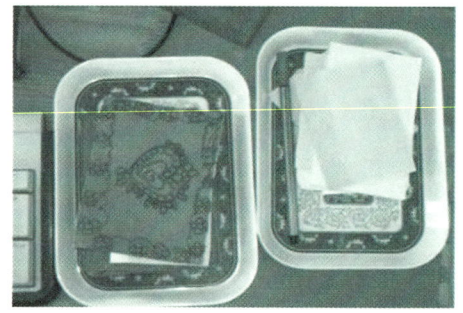
图1-29 幼儿利用卡纸设计借书卡

也不知道什么时候,幼儿在游戏中拿过来两部电话,教师问其原因,他们回答说打电话可以实现预约借书。幼儿的经验是来源于生活的,在这一过程中,教师的引领讨论、对幼儿已有经验的挖掘,幼儿的主动参与,教师倾听幼儿的想法、鼓励幼儿自己去做,为幼儿的自主探究提供了支持。

当有了可操作的材料后,幼儿会主动与材料互动。幼儿都争先恐后地扮演图书馆的服务员,一位坐在服务台负责打卡,另外两位是图书的导购员。

教师分析幼儿喜欢扮演服务员的原因主要有:一是可以向同伴推荐自己喜欢的图书,分享阅读的快乐体验;二是服务员对使用材料有决策权,还可以制定游戏的规则。因此,幼儿有了可以借书的条件后马上就开展了借阅图书的游戏。

随着借书热潮来临,图书馆这个活动区变得非常热闹。但在幼儿阅读的时候会出现有的在阴暗的地方看书、有的趴在地上看书、有的看完书后不送回原处等问题，因此教师决定通过讨论的方式让幼儿学会正确看书的方法。

图 1-30　祎祎和豆豆分别扮演服务员和导购员

图 1-31　祎祎正在为前来借书的顾客服务

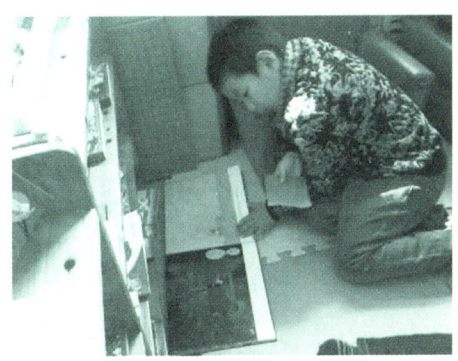

图 1-32　壮壮依靠着沙发并在光线暗的地方看书

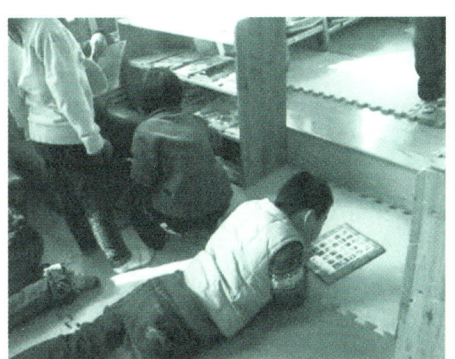

图 1-33　俊俊趴在地上看书

图 1-34　书看完后被放在椅子上，没有被送回原处

教师给幼儿观看她所拍摄的照片，引导幼儿发现问题，讨论出正确看书的方法。

宁宁：看完的书从哪里来的要送回哪里。

程程：不能在阴暗的地方看书，这样对眼睛不好。

幼儿边说，教师边用符号在画纸上表征出来。

佳佳：是啊！光太强的地方也不能看书。

青青：要从书角处翻书。

小远：还要轻拿轻放。

奇奇：我们要爱护图书，不能撕书。

昕怡：看书的时候要坐好。

涵涵：对！妈妈经常说保持正确的坐姿。

图1-35 幼儿表征出正确的看书方法

幼儿结合自己的生活经验，共同总结出在图书馆里正确的看书方法，而且认为这是每个人都要遵守的。幼儿根据教师的符号，自己用图画表征出正确的阅读方法，教师协助幼儿挂在图书馆里，作为一种温馨提示！

2. 故事大王评选

《3—6岁儿童学习与发展指南》中提出，大班的幼儿能喜欢与他人一起谈论图书和故事的有关内容。教师很重视幼儿语言的发展，便采用不同形式为幼儿提供交流分享的机会，鼓励幼儿将自己喜欢的故事讲给同伴听，激发幼儿的阅读兴趣。

图1-36 航航在活动区评价时分享自己喜欢的《大卫不可以》

图1-37 源源在餐后与同伴分享自己带来的《父与子》

图1-38 笑笑向同伴介绍《第一次发现》中使用手电筒看书的方法

幼儿在餐前、餐后、活动区评价、离园等一日生活中的过渡环节,可以自主选择喜欢的图书阅读并与同伴进行分享,在多元的阅读氛围中提高自己的阅读量。虽然提倡幼儿自主阅读,但不代表教师不关注,相反,教师经常与幼儿一起阅读,捕捉到有教育价值的图书,就在第一时间与全体幼儿分享。个别幼儿提出:"我们在图书馆里也玩讲故事的游戏吧!"这个建议又引发幼儿的讨论。

宸宸:可以讲故事,让我们自己在图书馆里看书不好玩。

当当:我们玩轮流给小朋友讲书的游戏。

源源:谁讲得好可以被评为"故事大王"。

教师:怎样评"故事大王"呢?

小玉:看谁讲的图书故事最好听。

子源:看谁讲得多。

笑笑:我们没法记谁讲得多。

恬恬:我们可以在墙上做一个比赛栏,谁讲完了就用符号记下来粘在上面,最后数数谁讲得多。

乐乐:不仅要讲得多还要讲得好。

佳佳:谁讲得最好听。

……

通过幼儿这种互动,教师发现幼儿就是为游戏而生的,一个游戏的诞生如此简单,幼儿你一言我一语就把"故事大王"这个游戏,从名称到玩法都说清楚了。

幼儿都参与了图书馆里的讲故事活动,每个人讲完后,都会用便利贴以符号记录的形式,记录图书的名称和自己的名字,并贴在展览墙上。

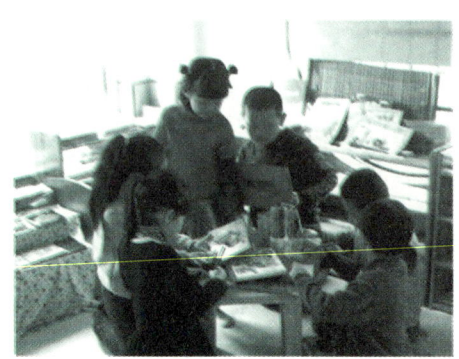 

图1-39 幼儿把画好的便利贴粘在"故事大王"墙上(1)　　图1-40 幼儿把画好的便利贴粘在"故事大王"墙上(2)

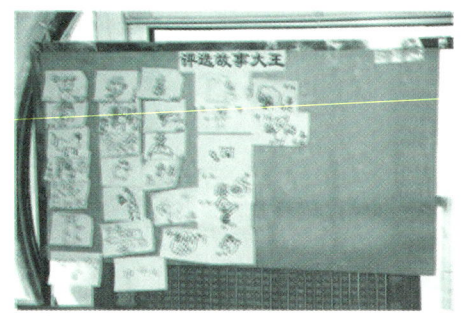 

图1-41 评选"故事大王"的展览墙　　图1-42 每当评选前幼儿都会过来数数谁讲的故事多

"故事大王"是每周一评,每到周五,幼儿便会根据所有的便利贴,结合评选标准,一起评出本周的"故事大王"。

接下来的几天里,随着幼儿游戏经验的丰富,图书馆里又不断产生新的游戏,幼儿通过与同伴互动、与生活实际相联系等方式,在游戏中不断发展出精彩的、有趣的小花絮。教师通过观察幼儿的游戏过程,分享他们的游戏,讨论解决问题的过程与方法,使幼儿获得愉快体验。

★情趣故事1:没人听我讲

有一天,教师在图书馆里发现了这样一个场景:宸宸自己捧着一本书,正绘声绘色地讲好听的故事,在她的对面坐了一排"貌似"在听故事的听众。再看这六位听众,有的在抠手玩、有的在愣神、有的在与旁边的同伴看书,只有一位幼儿看着图书认真地听宸宸讲故事。

图 1-43 宸宸在给同伴讲图书

于是,教师用手中的相机拍下了这一幕。等宸宸讲完故事后,教师走上前去问他们:"谁能来说说宸宸讲的是什么故事?"当教师提出这个问题后,只有认真听的那位幼儿说出了故事的内容,而另外五位小听众,都没能说出。

由此可以看出,幼儿玩"讲故事"的游戏出现了问题。为了提高幼儿在图书馆里讲故事的质量,教师利用照片请全班幼儿共同讨论正确的讲故事方法。

教师:这几位听众听到宸宸讲故事了吗?

航航:没有。

教师:你从哪里看出来他们没有听?

佳佳:他们都在做自己的事情。

牛牛:宸宸把书朝向自己,听众都看不见。

凯凯:我看不到图书上的画就不想听了。

宁宁:她讲的声音太小,好像给自己讲。

钰钰:我也想看到图书里面的画。

念念:我没有认真听,自己看书的。

教师:小朋友讲图书讲得好,听众还爱听,才能评上"故事大王",那怎么才算讲得好呢?

祎祎:讲的时候要把书朝着听众。

舟舟:讲故事时声音要洪亮。

昕怡：讲完可以提问。

源源：听众在听的时候要专心。

翰翰：对！不能做小动作。

甜甜：要把图书的图画面向听的小朋友。

通过讨论可以看出，幼儿把讲故事和听故事的方法都弄清楚了，教师支持幼儿的正确建议，这为今后在图书馆里开展"评选故事大王"活动奠定了基础。

★情趣故事2：这样讲太累

一天壮壮来到图书馆里讲图书，为了能让听众看到图书的画面，他把图书打开朝向听众，但是讲完后不太好翻页，就请来天天协助。当讲完这本书，壮壮和天天都表示太累了。

图1-44 壮壮讲图书，天天帮助翻页

教师看到这个游戏情节，马上提出："你们有没有好办法，既能让听众看到图书画面，又能很轻松地把故事讲完呢？"幼儿都开始想办法。

恺恺：可以放在桌子上讲。

焦焦：在书的后面用空心积木。

天天：不行，空心积木太矮了，书会倒。

牛牛：对了，表演区有块黑板可以用。

舟舟：黑板也立不住。

壮壮：黑板后面再放空心积木就行了。

丁丁：好办法。

说干就干,他们几个很快就找来那块黑板和一块空心积木,还把小黑板粘在空心积木上,一个图书的支架就这样做好了。焦焦还找来一把小椅子,坐在那里把书立在黑板的前面打开,认真地从书角处开始翻页,一页一页地讲图书,真是一举两得,听众既能看到图书画面,讲故事的人也会很轻松。

图1-45 焦焦在讲《今天运气怎么这么好》

在游戏过程中出现小问题时,幼儿能通过集体的智慧去解决。这也提高了他们自己解决问题的能力。

★情趣故事3:小粘贴奖励

祎祎在讲故事《小象变形记》时,教师看见图书馆的"服务员"恺恺手里拿着小粘贴站在祎祎旁边,心里就想是不是哪位听众听得好就奖励小粘贴。祎祎讲完故事后,他向听众们提出问题:"故事里讲了什么事?都有哪些小动物?"小听众们纷纷举手回答,祎祎请其中一位幼儿回答,回答对了,"服务员"恺恺就给这位答对的幼儿贴上小粘贴表示奖励。

图1-46 粘上小粘贴以示奖励

幼儿的游戏经验来源于生活经验。在日常活动中,教师每讲完一个故事都会进行提问,并对幼儿的回答给予不同方式的表扬,如掌声、一个鼓励的眼神、一个拥抱、给个粘贴,等等。发粘贴可能是幼儿最喜欢的一种方式,于是他们就把它运用到游戏中了。

结合生活经验的游戏是最有价值的,也是幼儿最感兴趣的游戏,这样的游戏幼儿也会越玩越丰富。通过在图书馆开展讲故事的游戏,全班幼儿对于讲故事产生了极大的兴趣,再不见在过渡环节乱溜达的幼儿。有的时候为了看一本好看的图书,幼儿会想出很多"招数"。如把自己喜欢的图书藏在别人看不到的玩具橱后面,那段时间经常接到"老师,《地下100层》又不见了""谁把迷宫书藏起来了"等类似的"状子";有的幼儿为了能到图书馆里讲故事,早上第一个来吃早饭;还有的幼儿在离园前选自己没有看完的图书带回家继续看。甚至在午睡的时候,也会有两位幼儿拿着图书轮流为小朋友讲故事。午睡时谁来讲故事,都是由幼儿自己决定的。如果同时有几位幼儿想要讲的话,全班幼儿通过举手投票的方式选出讲得最好的来讲,这就要看平常谁的故事讲得最受大家欢迎了。

班级图书馆不仅是一个社会性区域,还与其他区域有着密切的联系。不同的图书可以在不同的区域开展活动,如剪纸、手工制作类的图书投放到制作区,画面体现绘画元素的图书投放到绘画区,适合表演的故事类图书投放到表演区,有些图书里的建筑很有特点的就投放到搭建区等等。

班级图书馆发挥着重要的作用,但最重要的是让幼儿喜欢上阅读、学会了阅读,对图书产生了极大的兴趣。图书是幼儿成长中重要的"伙伴",能为幼儿打开认识世界的窗口,为他们今后的学习活动打下良好的基础。

第三节 "蒲公英"图书馆的创建与利用

"蒲公英"图书馆是幼儿临近毕业时,由幼儿发起,由幼儿园、家庭、幼儿三者共

同创建的毕业生图书馆。图书馆中的每一本图书都是幼儿和爸爸妈妈精心挑选并捐赠的,它饱含着毕业生对幼儿园、对中小班弟弟妹妹的无限眷恋和源远流长的深厚友谊。

"毕业",本是一个沉重、伤感的话题,但一本本散发着墨香的图书却缩短了时空的距离,这里留下了幼儿时代的美好瞬间和永恒回忆,人生最美好的时光定格在这里,一本本图书珍藏着幼儿对幼儿园的深情和成长的回忆。

一、"蒲公英"图书馆来了

1. 主题的引发

临近毕业时,幼儿开展了名为"我要上小学了"的主题活动。幼儿在搜集小学信息、参观小学、互动采访相关人员、模拟参与小学课堂等活动中,产生了对小学的向往;在了解小学的同时,幼儿还积极参与到毕业典礼的筹备过程中,开展了"难忘的幼儿园生活"等一系列活动,通过制作"我的电话簿""我们的毕业相册"等,表达自己对幼儿园、老师、同伴和弟弟妹妹的留恋之情。

"我要上小学了"的主题活动激发了幼儿即将成为小学生的自豪感,同时也激起了幼儿对四年幼儿园生活的无限留恋。他们对幼儿园依依不舍,对老师、同伴依依不舍。他们在唱《毕业歌》的时候流下了热泪;在制作通讯录的时候,他们希望把每一个老师和同伴的联系方式都记下来。他们有好多的话要留给幼儿园,有好多的事情要和好朋友分享。

幼儿真挚的情感使教师备受感动。在感动之余,如何帮助他们更好地表达情感?如何升华幼儿的情感?如何给幼儿留下既难忘又有意义的回忆?教师陷入了深深的思考中……

2. 一本书的触动

当寻找适宜的切入点帮助幼儿表达自己的心愿时,教师发现了幼儿带来的一本书——《好朋友的秘密》,它主要讲述了这样一个故事:"小兔和刺猬一起分享着彼此的秘密——雷雨过后,白桦林里冒出许多又白又大的鲜蘑菇;在一棵栗子树下还藏着许多颗大大的栗子;玫瑰花丛里有一道清清的山泉……友情的可贵在于分享。

分享彼此的'小秘密',给小兔和刺猬带来了无尽的快乐……"多么真挚的情感呀!教师认为,这个故事恰好可以给幼儿以思考和启发,帮助幼儿理解好朋友之间可以分享自己的心情,可以分享自己喜爱的东西。于是教师和幼儿共同阅读了这本书,迁移小动物们分享的经验,围绕着"快毕业了,你想和幼儿园、和同伴、和中小班的弟弟妹妹分享什么?什么样的分享才能更好地表达爱的情感?"等内容展开讨论。

经历了各种提议的相互辩驳后,幼儿由一开始的只分享与自己生活密切相关的好玩的、喜欢去的地方等内容,进而转向带领弟弟妹妹在室外活动再到室内活动的分享,再转移到给弟弟妹妹分享本领等内容。经过一番激烈的争论,幼儿分享的焦点逐渐集中到"希望分享的东西能保留"这一话题上,大家想给幼儿园、给小伙伴留下一份能永久保留的礼物。这份礼物会是什么呢?有的幼儿说:"我觉得我们全班小朋友可以用一张很大很大的纸、画一幅很大很大的画给弟弟妹妹";有的说:"我们可以做一本非常厚的书,放在弟弟妹妹的教室里。"这一提议马上引发了幼儿的议论:自己做的书跟画一样,一样会黄;送真的书合适,真的书不会黄,也不会烂,保留的跟以前一样,脏了还可以用纸擦一擦……

最终,幼儿通过讨论达成了一致意见:送书。在讨论中,教师欣喜地看到幼儿们畅所欲言,积极运用自己的生活经验判断不同提议的适宜性。综合来看,幼儿的提议是前后承接、相互补充的,幼儿的思路开始转移到能够留下的礼物,因为他们希望几年、十几年,甚至是自己老了以后回来都能看到礼物。于是"书"成为当之无愧的分享礼物。他们确定了要与弟弟妹妹分享的"书",又讨论了书的来源。幼儿的提议也由"我提议"变成了"我们……",他们开始了合作。

至此,幼儿就像是打开了一扇门一样,不断地前进着。

3. 赠书的准备

几天来,幼儿纷纷讨论着自己要带来的图书,兴奋之情溢于言表。但是什么样的图书最适宜、弟弟妹妹会喜欢?教师决定引导幼儿制定一个"我的赠书计划",了解幼儿的想法,为他们的赠送活动提供一些支持和帮助。教师主要引导幼儿从书名以及赠送图书的原因等方面思考并帮助幼儿选择适宜的图书。

江吉沅的赠书计划

题目： 我要给小弟弟小妹妹送什么书呢？

书名：《我会自己穿衣服》

1. 这本书教会我们自己动手穿衣服、裤子，弟弟妹妹很需要。

2. 这本书里有很多的小儿歌，又好听，又好记，弟弟妹妹一边朗诵儿歌一边就会自己穿衣服了。

姓名： 江吉沅

图1-47

教师对幼儿的赠书计划进行了分析，发现有的幼儿是从适宜弟弟妹妹阅读的角度选择的，有的是从自己喜欢的角度选择的，有的是从帮助弟弟妹妹学习的角度选择的。幼儿表达了自己的想法：我选的这本书画面大，字少，弟弟妹妹不识字，光看画面就可以知道这本书的意思了；我们小朋友都商量好了，就要赠自己最喜欢的书；每天睡觉前妈妈都要给我讲一讲这本书，书里的故事非常精彩……

大班幼儿已经具有分辨和选择的能力，日常的阅读量使得他们能够较好地选择适合弟弟妹妹阅读的图书。当然，也有一部分幼儿选择的图书引起了同伴的质疑。比如有的幼儿选择了"喜羊羊"系列图书，同伴就提意见："喜羊羊的故事电视里都演了，没有必要再选择这样的书了。"同样，《花园宝宝》《猫和老鼠》这类动画片的书也遭到了幼儿们的否定。

4. 图书分享

赠书计划完成之后，幼儿纷纷从家中带来了自己选择的图书。可是这么多好看的书，怎样才能让弟弟妹妹知道，让弟弟妹妹来看看呢？结合以往开展主题活动的经验，幼儿决定绘制海报进行宣传、在门厅中摆放图书进行展览，并开展班际之间的阅读分享活动，拿着自己的书去给中小班的弟弟妹妹们讲一讲，让他们感受自己带

来的书是多么的有趣!

图1-48 幼儿正在分组合作绘制海报(1)

图1-49 幼儿正在分组合作绘制海报(2)

图1-50 幼儿在门厅处按照类别自主摆放图书进行图书展示

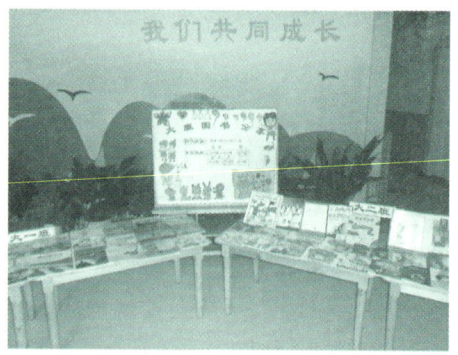
图1-51 幼儿创设的图书宣传展示区

图1-52 班际阅读分享活动:给弟弟妹妹讲图书(1)

图1-53 班际阅读分享活动:给弟弟妹妹讲图书(2)

给幼儿园、给弟弟妹妹留下一本本意义深远的图书作为礼物,这一创意源自一本简单的图书——《好朋友的秘密》。幼儿的创意无限、幼儿思考的缜密性和幼儿团体讨论的能力让人惊讶。在这个过程中,幼儿是独立的学习者、活动的策划者,而教师则成为一个隐形的协助者、建议者。这个活动让教师感受到幼儿对图书的热爱和了解。他们爱读书,从书中他们获得了无限的快乐,所以他们愿意和朋友、和弟弟妹妹分享图书;他们也会读书,对书的优劣有了初步的鉴定能力,并且掌握了一定的选择图书的技巧;教师又深深地感动于幼儿的天真、善良与无限的创造力,他们愿意分享,懂得感恩,并且在活动的过程中面对棘手的问题时,能通过集体讨论一一化解,将活动一步步地推进。

二、"蒲公英"图书馆名字的由来

在图书收集过程中,全园共有58名幼儿参与了此次活动,共收集图书97本,价值1 058.98元。幼儿的爱心图书准备好了,我们将把这些图书存放在幼儿图书馆中,可是如何区别于幼儿园图书馆、班级图书馆的图书呢?如何更好地发挥毕业生捐赠图书的价值,宣传幼儿的感恩行动呢?我们认为,应该给毕业生的图书选择一个更适宜的名称,将毕业生的这种精神和做法延续下去。为了让幼儿园的每一位家长和幼儿了解这次活动的意义,让更多的幼儿和家庭参与到活动中来,我们给幼儿和家长发放了一则"毕业生图书馆"的征名信息,开展了"毕业生图书馆"的征名活动。

附:家长通知

青岛市实验幼儿园"毕业生图书馆"征集通知
"毕业生图书馆"征名开始了!

亲爱的家长朋友:

随着毕业时间的一天天临近,孩子们通过参观小学、进行各项进入小学的准备、开展毕业典礼的节目练习等活动,深刻地感受到自己的成长。现在幼儿谈论最多的是自己对小学的向往以及对幼儿园的无限留恋。

三年里,孩子们从懵懂的小孩童成长为现在懂礼貌、有本领的大哥哥和大姐姐,

是幼儿园的老师和叔叔阿姨为他们倾注了无数的心血。在我们朝夕相处的1000多个日日夜夜里,孩子们与幼儿园、与老师建立了深厚的感情。在临近毕业的这段时间里,孩子们相互交换电话号码,制作毕业册,将亲手制作的礼物赠送给老师,他们也想为幼儿园留下自己成长的足迹,为弟弟妹妹留下一份珍贵的礼物。于是"毕业生图书馆"的计划在孩子们的讨论中诞生了。

为达成幼儿的心愿,我们将在幼儿园中成立"毕业生图书馆",现向家长征集"毕业生图书馆"的馆名、标志,要求名称能代表毕业生的特点、心愿,读起来上口、易记、有特点;标志要求图案、色彩符合儿童特点,能解释"毕业生图书馆"的内涵。请家长们集思广益,积极参与到这项活动中,为孩子们的感恩行动助一臂之力!

亲爱的家长朋友,时间匆匆流过,但是孩子们的友情将绵延不断,永远流淌!

青岛市实验幼儿园
2010.6.7

青岛市实验幼儿园"毕业生图书馆"征集表

班级　　　　　　　　　　　幼儿姓名

项　目	要　求	内　容
"毕业生图书馆"的馆名	名称能代表大班毕业生的心愿,读起来上口、易记	
"毕业生图书馆"的标志	标志图案、色彩符合和儿童特点,能解释"毕业生图书馆"的内涵	
"毕业生图书馆"的利用建议	请从"毕业生图书馆"的建设、管理、发展等角度提出您的具体建议	

青岛市实验幼儿园
2010.6.7

一则信息引发了众多幼儿和家长的积极参与,短短的几天时间里,我们共收集到"毕业生图书馆"的馆名21个、图书馆标志16个。让我们尤为感动的是,家长们充分理解了这次活动的意义,设计的许多馆名既适宜又富有创意,比如"爱心图书馆""未来图书馆""初飞图书馆""手拉手图书馆""蒲公英图书馆""朗朗图书馆""快乐图书馆""奔向未来图书馆""心连心图书馆"等等,标志也富有含义,非常有特点。

看到厚厚的一摞征稿,我们左右为难了,这么多有创意的想法,选择哪个更能代表这次活动的意义呢？我们将馆名和标志做了初步整理,将选择权交给了家长和幼儿,请大家投票选出最能代表毕业生心意的馆名和标志。

图1-54　幼儿和家长观看展示的馆名和标志,并进行选择和投票(1)

图1-55　幼儿和家长观看展示的馆名和标志,并进行选择和投票(2)

热闹的征集和投票活动慢慢落下帷幕,"蒲公英"这个名字以高票赢得了家长和幼儿的一致喜爱。"蒲公英"图书馆,它既朴实又有深刻的含义,在家长设计的基础上,经过园领导的认真思考和修饰,我们细化了"蒲公英"图书馆的意义和馆标。

图1-56　"蒲公英"图书馆的标志

小小的蒲公英,诠释的是爱与感恩,表达的是爱的传播,象征着生命的延续。它代表着毕业班的哥哥姐姐将自己心爱的图画书奉献给弟弟妹妹,希望这些图书像蒲公英的种子一样,播种进弟弟妹妹们的心田,润泽、启迪心灵。

三、"蒲公英"图书馆开始借书啦

图书准备好了,图书馆的名字也起好了,随着幼儿毕业的日子一天天临近,我们决定在毕业典礼上举行隆重的"蒲公英"图书馆揭牌和赠书仪式,感谢幼儿的感恩行动,满足幼儿们的心愿,给幼儿们留下生命中难忘的瞬间。

盼望已久的毕业典礼开始了。所有的家长和幼儿齐聚在热闹的操场上。宁园长亲手揭开了"蒲公英"图书馆的馆牌,感慨地说:"图画书将伴随孩子们的成长,图画书将像种子一样传递给小班、中班的弟弟妹妹;蒲公英代表爱和感恩,象征着生命的延续,这些大班哥哥姐姐奉献的图画书,会像种子一样传递到每一届小朋友的心灵深处,让图画书润泽他们的心灵!"几名幼儿代表手捧一摞摞散发着墨香的书籍,表达自己内心最真切的感受:"亲爱的弟弟妹妹:今天蒲公英图书馆成立了!蒲公英图书馆的图书都是我们精心挑选的,希望你们能够喜欢;也希望中小班的弟弟妹妹能够爱读书,会读书,等到你们毕业的那一天也把你们喜欢的图书捐赠给幼儿园,让我们的蒲公英图书馆发扬光大!"幼儿的感言博得了现场热烈的掌声。在音乐《感恩的心》的伴随下,"蒲公英"图书馆揭牌和赠书仪式圆满结束,"蒲公英"图书馆正式启用!

图1-57 "蒲公英"图书馆揭牌仪式上,宁园长向全体家长和小朋友讲解"蒲公英"图书馆的标志和意义

图1-58 大班小朋友代表向"蒲公英"图书馆捐赠图书并发表感言

四、"蒲公英"图书馆的故事

一声声"再见"好像还萦绕在耳边,可是幼儿已经离开了朝夕相处的老师,离开

了幼儿园,唯有这一本本散发着书香的书籍在诉说着他们的经历,我们仿佛看到了他们一双双期盼的眼睛,我们要将这一本本寄托着幼儿友情的图书传递给每一个家庭和每一届弟弟妹妹。

1. "蒲公英"图书馆借阅的准备

为使图书真正流转到每个幼儿的家庭中,使每一名家长和幼儿感受到大班毕业生的爱心,我们反复思考如何有效利用并凸显出"蒲公英"图书馆里的图书的独特价值。"蒲公英"图书馆的图书借阅不同于以往的图书借阅,它应是幼儿之间友谊的桥梁,是家庭之间信息互通的渠道,一本本图书将成为家园之间、幼儿之间联系的纽带。因此"蒲公英"图书馆里的图书应是一个整体,它既要有捐赠图书,还要有捐赠幼儿的基本信息,以及幼儿阅读图书后的感想记录。于是我们设计制作了富有特色的"蒲公英图书漂流袋",其中放置了每一个大班幼儿捐赠的图书、一张与幼儿本人相对应的图书纪念卡和一本幼儿阅读感想本。

图1-59 蒲公英图书漂流袋

图1-60 大班幼儿的捐赠图书

图 1-61 "蒲公英图书馆纪念卡"正面

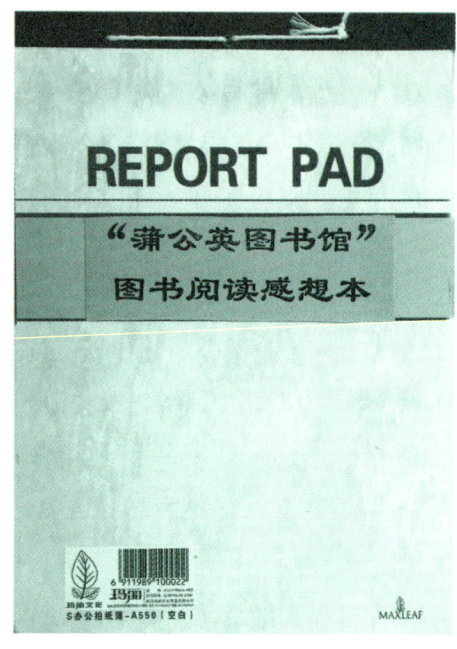

图 1-63 图书阅读感想本

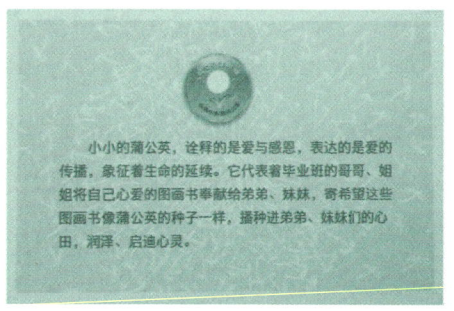

图 1-62 "蒲公英图书馆纪念卡"反面

"蒲公英图书馆纪念卡"正面记录幼儿的姓名、年龄、捐赠时间、捐赠图书的名称和幼儿感言,反面则是"蒲公英"图书馆的馆标和意义。我们请幼儿运用符号表征的形式写下自己赠送图书的感言,教师再写下给幼儿的深情寄语,将这份爱永远记录下来。

为使家长明确"蒲公英"图书馆图书的来源、图书借阅的价值和意义,我们在图书阅读感想本中给家长和幼儿分别写下了图书阅读的说明及阅读要求,方便家长在图书阅读过程中对幼儿进行有效的引导,希望运用这种方式将毕业幼儿的友情传递到更多的家庭中,使幼儿将来都能参与到这项有意义的活动中。

2. 在"蒲公英"图书漂流中传递爱的信息

结合幼儿园每周的图书借阅活动,教师们分别向各班幼儿介绍"蒲公英"图书馆的创建、标志及意义,介绍大班哥哥姐姐捐赠的图书,讲解哥哥姐姐在图书纪念卡中写下的温情话语,帮助中小班的幼儿理解"蒲公英"图书馆的价值,激发幼儿将来也能积极参与壮大"蒲公英"图书馆。

同时,教师还采用小组讲解、发放通知等方式将"蒲公英"图书馆的理念传播到每一个家庭中,使每一位家长充分理解、给予支持,增强"蒲公英"图书馆的向心力!每次亲子阅读后,家长都会和幼儿共同欣赏捐赠图书的大班小朋友的照片,读一读他留下的感言,并在图书阅读感想本上写下自己和幼儿阅读的感受。

附:

蒲公英图书漂流感想

谢谢大班的大姐姐送给我们的这么好的书《还有一只羊》。这本书告诉我一个道理:做事情一定要认真,否则就会犯错误。然后我还学会了数10以内的数字,还有就是团结的力量是巨大的,就是因为小羊儿们的一再坚持,才让山姆认识到了他的错误,终于把大灰狼赶跑了。我真喜欢看这本书。

2010.10.28

中二班　王雅文

图 1-64

"蒲公英"图书馆成为联结毕业生和幼儿园小朋友的纽带,她将幼儿的情感不断升华,成为爱的海洋!

主审点评

青岛市实验幼儿园将园级图书馆、班级图书馆和"蒲公英"图书馆共同构成了各具特色的课程资源库。园级图书馆为幼儿提供了模拟现实生活的"实习场",在幼儿生活与成人社会之间架起桥梁;班级图书馆是幼儿与图书"亲密接触"最为频繁的场所,阅读成为幼儿的一种生活方式;"蒲公英"图书馆是流动的毕业班图书馆,图书漂流让同伴分享变得有趣而富有教育意义。

我们发现,图书馆建设在一定程度上实现了杜威当初对幼儿园课程期待的设想——"课程即生活",图书馆资源库与幼儿的生活紧密相联,每个资源库中都蕴含着不同类型的特色活动,体现了课程资源创建的丰富性和层次性;图书馆资源库也是真实社会生活的缩影,它隐含着不同年龄幼儿发展的个性化问题,体现了有形的"图书"资源与无形的"发展"资源彼此整合的课程资源建设格局。

> 第二章 书屋里的"阅读节"故事

为幼儿建立多种形式的图书馆,营造随时、随处可以阅读的环境后,浓厚的书香气息悄然在幼儿园和家庭中弥漫,"如何让阅读伴随幼儿的成长"成为开放教育研究者深入思考的问题。我们想,幼儿不仅要有书读,更重要的是会读书、读好书、乐意读书。真正意义上让阅读成为每个幼儿、每个教师生活的一部分、生命的一部分,让书香充盈幼儿园和幼儿家庭,这才是我们建立图书馆的终极目的。

第一节 "阅读节"的由来

犹太民族有个传统:当婴儿学会爬行后,将蜂蜜抹到图画书的封面上,散发着甜蜜的书香味道的图画书从此吸引住了孩子们,犹太民族从小喜欢阅读的种子播种到他们的心田。如此的家庭培养方式,使得犹太民族成为世界上了不起的民族。宁征园长也正是在长期的一

线工作中,发现无论是教师还是家长因为缺乏阅读的习惯和兴趣,整体的素养有待提升,幼儿因为缺乏良好的阅读习惯和兴趣,语言表达能力和创造能力明显不足。

2009年6月,在宁园长的倡导和策划下,青岛市实验幼儿园创造性地设立了第一届"阅读节",旨在以节庆的方式,隆重地举办启动仪式,激发全园教职工和家长们对阅读的浓厚兴趣,并通过"阅读节"这样一个重要的载体,让阅读滋养幼儿的成长,让阅读丰富教师的生活,让阅读影响家庭的教养方式。总之,要将图画书融入幼儿园的一日生活,乃至家庭生活。

一、教育现实中的问题

我园的开放教育是一项长期扎根于教育现场的行动研究。管理者每天走进幼儿活动室,与教师、幼儿"摸爬滚打",从中我们发现,教师们专业成长速度太慢的一个重要原因是不太愿意自主读书学习。在一次招聘新教师答辩的过程中,园领导向前来应聘的17名来自"3+2"幼师专科的考试者提出同一个问题:"你读过什么书?"令人震惊的是,其中仅有一人说自己在学校时读过一本书,是《简笔画》。在我们的教育现场,由于教师们不爱好读书,导致班级的图书区流于形式,不能很好地发挥作用。再者,我们也发现在开展主题探究活动时,虽然班级教师以口头或书面形式告知家长,请家长引导幼儿将自己喜欢的且与主题相关的图画书带到班级与同伴分享阅读,其结果同样令我们失望。能够将有价值、有意义的图画书带到班级的幼儿寥寥无几。令我们不解的是,有的家庭非常富有,家中豪华车有几部,可是藏书却很少,即使儿童图画书,有的家庭也仅有几本而已。试想,一群不善于阅读的教师步入开放教育的研究团队中,如何能形成一个强有力的研究共同体?一大批不懂得阅读重要性的家长,怎么能培养出乐于阅读的幼儿?任重而道远的教育使命需要我们担当。

二、专家学者的观点

朱永新先生在《朱永新教育文集》中说道:"我过去是研究教育的。在研究人类教育史的过程中,我发现不管教育怎么变,其中最重要的一项活动———阅读始终都没有变过。"他先后五次在全国政协会上呼吁要在国家层面上设立"阅读节"。美国心理学家推孟在天才发生学的研究成果中指出,有44%的男孩和46%的女孩之所以能成为天才,是因为他们在5岁之前就养成了阅读习惯。

每一个生命都是一粒神奇的种子,蕴藏着不为人知的神秘,而阅读则能够唤醒这种蕴藏着的美好与神奇。读一本好书,将引领幼儿进入美妙无比的天地,为他们打开一扇通向文明的窗户;读一本好书,能吸引幼儿感悟大千世界的奥秘,在他们的童年种下智慧的种子!每天读书,幼儿的头脑会更加聪慧,心灵会更加美好,意志会更加坚强;每天读书,视野将不断开阔,胸怀日益宽广,气质得以升华!从小养成读书的习惯,将为幼儿的一生累积最宝贵的财富!阅读节的创办遵循"开放教育"倡导的核心理念,以开放的学习空间、开放的人际关系、开放的主题探究活动丰富儿童的心灵世界,促进幼儿自我发展。如果幼儿的成长有书香相伴,那么他一定拥有充实的现在和幸福的未来;如果幼儿的生活与图书相随,那么他一定对世界充满探究的欲望和美好的情感!

因此,为幼儿营造浓厚的读书氛围、提供优质的图书资源、开展高效的阅读活动、提高家庭亲子阅读质量,让阅读滋养幼儿的成长,应该成为开放教育的重要组成部分!

三、教师的专业成长需求

在长期的教育实践过程中,开放教育的研究者发现,一是在幼儿的开放区域活动中,表演区的幼儿总是不能自主顺利地表演所学过的经典儿童故事,导致活动质量不高,出现闲荡、争执、不和谐等问题。通过深入观察得知,幼儿对于要表演的故事角色和情节把握模糊肤浅;教师对于所教授的故事分析不到位,判断重难点不准

确,情节记忆不牢,导致对幼儿活动的指导流于形式,把握不住问题的症结。二是对于班级阅读区投放的图画书,缺乏仔细的筛选和阅读,使幼儿在阅读区得不到有效的学习。三是教师的日常工作中面临着种种问题:驾驭课程时遇到的困惑、焦虑、阻碍,班级管理面临的人员合作、资源调配、个人情绪的调适以及家庭和工作间关系的处理等等。这些问题的解决都直接与教师所获默会知识的多少、实践反思质量的高低以及自我价值的定位有着直接的关系。"阅读"恰恰能够拓展教师的新知,为教师反思注入能量,丰富其精神世界,提高其思想境界。因此,阅读应该成为教师生活的一部分,教师通过阅读从图书中汲取到丰厚的营养,以更深入地走进幼儿的世界,更和谐地与幼儿相处,更智慧地启迪幼儿的心灵!

四、幼儿、家长、教师的关系

日本儿童文学专家松居直认为:"当孩子们完全敞开心扉,毫无戒心地倾听故事的时候,大人们的话自然就会主动地深入到孩子们的心里。这不正是人与人之间的对话吗?""图画书正是在人与人的关系中才更加富有生命力,而且当它作为联结人与人之间的纽带时,才更有存在的价值。""你如果不与孩子一起欣赏图画书的世界,就很难理解图画书,并且无法了解图画书对儿童意味着什么。"

如今,电视文化、网络游戏充斥着幼儿的生活空间,随时准备吞噬幼儿的闲暇时间、健康和情感;家长工作的繁忙、教育理念的局限深刻地影响着幼儿的成长,溺爱型、放任型、控制型的家庭教养方式将众多的幼儿行为问题带进幼儿园。如何逐步改善家庭教养方式,影响家长的育儿观念?我们以阅读为纽带,通过建立家庭、社区、幼儿园合作阅读共同体,搭建起家庭、社区、幼儿园沟通交流的平台,在互助、共享中提高幼儿阅读的质量,改善亲子关系,进而影响家庭的生活方式。

上述的认知和思考就是我们设立"阅读节"的由来。

第二节 "阅读节"的方案

节日是对不同生活情景记录或事件记录而定格的标志性符号,不同的节日有其不同的独特意义和价值。在我们看来,幼儿园的"阅读节"就是为幼儿特别设立的节日,反映的是具有园本特色的文化内涵。它不仅仅是在某一天或几天里举办的一种形式,而且是贯穿于全年,有着丰富的活动内容;"阅读节"也不仅是一种外在的行为表现,更重要的是一种内在的需求;"阅读节"不应成为一种任务或者负担,而是自然的兴趣所在;"阅读节"不是为了得到某种荣誉的途径和工具,而是一种生存方式。

 一、明确"阅读节"主题和时间

主题是活动的灵魂,是"阅读节"活动的主旋律。在深度思考和广泛研讨的基础上,我园最终确立了"让阅读润泽每个人的心灵!"为首届"阅读节"的主题。时间段定为 2009 年 5 月 31 日至 2010 年 5 月 31 日。

 二、策划"阅读节"重要活动内容

1. 举办"阅读节"启动仪式

2009 年 5 月 31 日上午 8 点 30 分,我园举办首届"阅读节"启动仪式,通过特殊的升旗仪式,为幼儿、教师赠送图书等活动,激发师幼阅读的热情。随后,各班相继开展新书分享阅读、图书欣赏与创作以及班际分享活动。之后,各班开展了"六一"礼物漂流活动,引导幼儿在共享资源和经验的过程中,真切体验阅读的快乐。

2. 开展家庭亲子阅读指导

2009 年 11 月,我园聘请儿童文学专家、教育专家或者利用录像光盘,面向家长、教师开展儿童文学作品鉴赏和亲子阅读指导,转变其对幼儿阅读活动的认知,帮助教师和家长学会选择图画书,提高其有效指导幼儿阅读的策略。

3. 优化日常借阅指导质量

在每周幼儿借阅图画书的过程中,教师应充分利用园级图书馆、班级图书馆的

图书资源,在活动区、餐前活动、生活活动等环节中引导幼儿自由阅读,指导幼儿养成自主选择图书、阅读图书、分享阅读体验的良好习惯。

4. 开展多形式的亲子阅读分享活动

各班应结合主题的实施,引导家长协助幼儿选择或购买相关图书并带到幼儿园与同伴分享。教师要及时到园级图书馆选择适宜的图画书,或从网上、书城购买适宜的图画书投放至班级图书馆,有计划、有目的地开展阅读活动,以有效推进主题实施。2010年元旦,我园举办"亲子小剧场""童话小剧场"活动,将亲子阅读、幼儿自主阅读中的优秀内容以表演的形式与大家共享。

5. 确立幼儿园阅读月

每年的4月23日为世界"读书日",故我园将每年的4月定为"阅读月"。在2010年4月23日世界"读书日",我园举行了特殊的升国旗仪式,向幼儿介绍此节日的由来,拉开了"阅读月"的序幕。"阅读月"期间,每周升旗仪式为幼儿介绍"名人读书故事"。围绕幼儿阅读举行"阅读欣赏与创作"展览活动,不仅激发幼儿的阅读兴趣,而且使幼儿的创造潜能得到最大程度的发展。

6. 举行节日表彰活动

为激发幼儿阅读兴趣,巩固阅读成果,分享同伴阅读体验,我园于2010年6月1日举办第二届"阅读节",通过举行表演秀活动,评选"故事大王""小书虫""书香教师"等予以表彰。

7. 进行阅读评估反思

要让"阅读节"成为我园的标志性节庆活动,必须确保高质量地推进每一阶段的活动开展。因此,我园分别于2009年12月、2010年6月制定幼儿阅读评估标准,学期末开展幼儿阅读发展评估。待"阅读节"举办成熟后,将重视过程性幼儿阅读状态,不再启用评估的手段。

三、做好相关筹备工作

1. 订购赠送书目和数量

由分管园长组织办公室和财务人员统计各园区幼儿总数及教职工总数。按年

龄段选择适合幼儿阅读的图画书,同一班级的图画书种类要丰富,以保证同伴间能开展图书漂流活动。为教职工赠送的书目要满足不同岗位的需要,励志、文学方面的可以通用,教师系列可以增加教育理论专著方面的图书。

2. 向家长宣传发动

首先,撰写《致家长信》,提前向家长发放,使家长充分了解活动的意义和目的。其次,撰写"书香家庭"评选条件,发放至每一位家长手中,家长根据条件自荐报至各班级,由各班级依据条件优中选优报至各分园园长,各园区在平衡的基础上报至办公室汇总,最后由园领导集中讨论、平衡选出优秀者予以表彰。再次,撰写"家庭优秀征文"通知,在家长中开展"优秀征文"活动。通过向家长发放家长信、"书香家庭"评选条件和"优秀征文"活动通知等,全方位引导家长了解我园举办"阅读节"的意义和目的,使其高度关注幼儿的有意义阅读的重要性,且能积极主动地参与到各项活动中,为今后在家庭中营造浓厚的阅读氛围起到积极的促进作用。

3. 制作精美书签

由办公室网管负责设计精美且富含阅读理念的书签,以备在启动仪式上向教职工们赠送书籍的同时,赠送书签。书签赠语内容要表达出对教职工的期待。

第三节 "阅读节"的启动

社会学家认为,仪式是信仰意识和群体意识的行为表现和外化特征,神圣的仪式是一种规范化的行为模式,并由此产生各种活动。仪式的意义在于它的象征性,而象征的意义就是文化的建构。我们试图通过具有象征意义的仪式,将阅读文化转化为一种全体成员一致认同、共同行动的习惯性行为。选择一个什么样的日子、一种怎样的形式来举办"阅读节"呢?

我们站在幼儿的角度来思考,"六一"儿童节是幼儿最渴盼的一个节日,而每周

的升旗仪式又是幼儿心目中庄严肃穆的活动,因此我们选择这样一个特殊的日子,在国旗下举办"阅读节",既贴近幼儿的生活,又能增进幼儿的情感体验。2009年5月31日上午8点30分,各园区幼儿、教职员工共同参与了神圣而又有意义的"阅读节"启动仪式。

一、启动仪式中的园长讲话

园长以通俗易懂的方式向幼儿介绍了举办"阅读节"的目的和意义,通过讲述生动形象的案例,引发幼儿对阅读的好奇,激发幼儿参与"阅读节"活动的愿望,并一一介绍了本届"阅读节"即将举办的活动,激发幼儿的向往之情。

二、为幼儿赠送图画书

我们将图画书作为"六一"礼物,赠送给幼儿。这些图画书不是随意购买的,而是依据幼儿的年龄特点精心挑选的。为了满足不同个体的需求和兴趣,我们还为每个班级的幼儿提供内容不同的图画书,以供幼儿选择自己喜欢的和需要的,使节日的礼物真正为幼儿所喜爱。在每一份礼物中,园长将亲自撰写的赠书寄语制作成精美的书签:"今天你拥有的这份节日礼物,将使你的头脑变得更加聪慧,心灵更加美好,意志更加坚强;将使你的视野不断开阔,胸怀日益宽广,气质得以升华!你能天天坚持读书吗?你愿意参与到交换图书活动中吗?快快行动起来吧!让图书滋养你的成长,让书香伴随你的童年!"

三、为教职工赠送图书

教师的阅读热情和水平直接影响到幼儿的读书热情和水平,因此教职工应是"阅读节"的首要参与成员。我们为教师选择了《育人三部曲》《给教师的一百条建议》等教育家名著。为了拓展教师的阅读视野,我们还赠送给教师具有人文特色的经典书目,如季羡林的《做人与处世》,莫言、贾平凹、王小波、苏童等名家的代表作;

为后勤人员选择《不生病的智慧》《烹饪大全》等生活书籍,共同提升教职工的阅读兴趣。"忙碌的一天,是否给自己留一方空间,静静地打开一本书,与大师对话?加入到阅读行动中来吧,让书香溢满您的生活,愿阅读润泽您的成长!"

四、倾听家长感言

为了充分调动家长参与"阅读节"的积极性,我们在启动仪式之前向每位家长发放了一封家长信,向家长介绍"阅读节"的意义、活动内容,邀请全体家长参与"阅读节"。在启动仪式上,我们邀请具有良好阅读素养的家长,做家庭阅读经验分享,以引发广大家长重视家庭中的亲子阅读,营造适宜的家庭阅读氛围,搭建起家园共育的桥梁,培育家长和幼儿的阅读习惯。

五、分享名人读书故事

此环节由各园区教师代表宣讲名人的读书故事,其目的是润泽幼儿的心灵。具体、形象的榜样能使幼儿获得良好的行为习惯,激发其产生良好品质的意愿。在园长、教师以及主持人的讲话中,都会穿插生动、有趣的名人读书故事,为幼儿树立学习的榜样,鼓励幼儿坚持阅读。

六、隆重的颁奖仪式

颁奖是"阅读节"的重要一环。此环节是在全年的"阅读节"活动结束之后,在新一届"阅读节"的启动仪式上,通过全方位的遴选,面向家长和幼儿,设立"书香宝贝""书香家庭""爱书小使者""故事大王""表演小明星""小作家"等具有特点的奖项,在颁奖仪式上以诗一般的表达方式向获奖者颁发证书,别具特色,给每一位参与者留下了深深的烙印。

附：

致家长的一封信
——青岛市实验幼儿园"庆六一"暨第一届"阅读节"启动仪式

亲爱的家长朋友：

你们好！

在孩子们的翘首期盼中，孩子们向往已久的"六一"国际儿童节来到了！

在这个欢庆的日子里，我们将启动青岛市实验幼儿园第一届"阅读节"，向每一位家长、每一位老师、每一位幼儿发出倡议，倡议大家人人读书，天天读书，与书为友，以书相伴。

每一个生命都是一粒神奇的种子，蕴藏着不为人知的神秘，而阅读则能够唤醒这种蕴藏着的美好与神奇。读一本好书，将引领幼儿进入美妙无比的天地，向他们打开一扇通向文明的窗户；读一本好书，能吸引幼儿感悟大千世界的奥秘，在他们的童年种下智慧的种子！

每天读书，孩子们的头脑会变得更加聪慧，心灵更加美好，意志更加坚强；每天读书，视野将不断开阔，胸怀日益宽广，气质得以升华！从小养成读书的习惯，将为幼儿的一生累积最宝贵的财富！

为使节日的礼物滋养幼儿的成长，我们精选了内涵丰富的图书作为孩子们今年的"六一"礼物。结合幼儿的年龄特点，我们为早教、小、中、大班幼儿提供了不同的礼物；各班教师将引导孩子们依据各自的兴趣、需求自主选择喜欢的图书。为了使本届"阅读节"活动从真正意义上促进幼儿和谐、健康、全面地发展，我们倡导各班开展"'六一'礼物漂流"活动，孩子们将在共享资源和经验的过程中，真切体验阅读的快乐。本届"阅读节"为期一年，序幕拉开后，我们将开展分享阅读、亲子表演剧场、幼儿表演剧场、图书欣赏与创作等丰富多彩的读书活动，营造浓郁的阅读氛围，培养幼儿良好的阅读习惯；将在班级中建立"公益书屋"，引导幼儿将家庭中的图书带到幼儿园与同伴分享，吸引家长志愿者来园指导幼儿读书，开展亲子阅读、家园沙龙等活动，整合家庭、幼儿园、社区等丰富的阅读资源，使读书成为每个人日常生活不可

或缺的一部分,让书香润泽儿童的精神世界!

请亲爱的家长朋友支持您的孩子,积极参与到这一活动中来吧!我们相信,孩子们在分享同伴图书、阅读经验的过程中,收获的不仅仅是知识,而且是良好人格的滋养。本届"阅读节",我们还倡导全园教职工参与到活动中来。因为我们承担着育人的责任,阅读应成为每名教职工生活、工作的一部分。著名的新教育实验的创办者朱永新先生说:"一个人的精神发育史就是他的阅读史;一个民族的精神境界取决于国民的阅读水平;一个没有阅读的学校永远不可能有真正的教育;一个书香充盈的城市才会是一座美丽的城市。"尽管我们已经形成了多年的读书论坛活动机制,但是,我们还是想借此机会,进一步激发大家的读书热情,从图书中汲取丰厚的营养,更深入地走进孩子的世界,更和谐地与孩子相处,更智慧地启迪孩子的心灵!

让我们与孩子们一起选好书、读好书、爱好书,在书香世界里度过有意义的节日吧!让阅读伴随幼儿的童年,让幼儿的生活弥漫书香吧!

深知家长朋友们期盼参与孩子们的"六一"活动,我们更希望你们的参与,遗憾的是今年的疫情严重阻隔了我们的互动交流,请家长朋友们放心,我们将会把庆"六一"活动作为课程实施的重要内容,在庆祝周里,我们将通过照片、幼儿作品等形式向大家传递孩子们的活动内容和体验,共享节日的快乐!

青岛市实验幼儿园
2009.6.1

附:园领导讲话稿

让阅读润泽儿童的心灵
——寄语青岛市实验幼儿园第一届"阅读节"

亲爱的小朋友们:

你们好!今天是5月31日,明天就是你们期盼的"六一"儿童节,是全世界小朋友的节日,我代表园领导、全园的老师、叔叔阿姨向你们表示热烈的祝贺,祝你们节日快乐!为了让小朋友们度过一个充实而有意义的儿童节,今天我们在这里举办青

岛市实验幼儿园庆"六一"暨第一届"阅读节"启动仪式。

我们精选了内涵丰富的图书作为小朋友们的"六一"礼物。有早教班弟弟妹妹的《快乐小兔子丛书》《噼里啪啦丛书》;有小班小朋友的《阿伯琳的小世界》《弗洛格和他的朋友们》;有中班小朋友的贝贝熊系列故事;有大班小朋友的《艾特熊与赛娜鼠》《布鲁姆博士》和《小威利丛书》。这些书是园长、老师们特别到书城挑选的,作为"六一"礼物赠送给你们。小朋友们可以根据自己的兴趣和喜好进行选择。

本届"阅读节"为期一年,序幕拉开后,在老师们的指导下,小朋友要认真阅读园长、老师赠送给你的图书,并要把图书的内容介绍给小伙伴们,等书读完后,小朋友之间要相互交换,分享你们读书的乐趣。除此之外,我们希望小朋友们能把家中好看的书带到幼儿园,继续和小伙伴们分享。

为了把我们的"阅读节"举办成小朋友们更加喜欢的活动,我们将在不同的时期邀请你们的爸爸、妈妈开展亲子表演剧场活动;为小朋友们举办"童话小剧场",每位小朋友都可以参加表演;你们还可以在欣赏喜爱的图书基础上,创编你们自己喜欢的图书。相信每位小朋友都会成为故事大王的!

希望小朋友们把今天的"六一"礼物带回家与爸爸、妈妈及家人一起分享,请爸爸、妈妈们积极参与到这一活动中来吧!

老师们每天与小朋友朝夕相处,一起做各种各样的探究活动,伙房的叔叔阿姨每天给小朋友做不同花样的饭菜,保健大夫给小朋友晨检、喂药,制定有营养的食谱,他们也需要从书中吸取营养。所以,园长精心选择了《给教师的建议》《做人与处世》《不生病的智慧》这几本书送给他们,希望老师、叔叔阿姨也参与到阅读活动中来,成为更受小朋友们喜爱的好老师,使他们学会更加健康地生活,成为幸福的人。

孩子们,老师们,让我们一起选好书、读好书、爱好书,在书香世界里度过有意义的节日吧!让阅读伴随你们的童年,让书香弥漫你们的生活吧!

附：书签赠语

亲爱的小朋友：

您好！

园长、老师送你这份特殊的节日礼物，是期待着你通过阅读开启你的心智，使你的头脑会变得更加聪慧，拥有健康完美的心灵，让书香伴随你的幸福童年！

图2-1 赠送幼儿书签正面

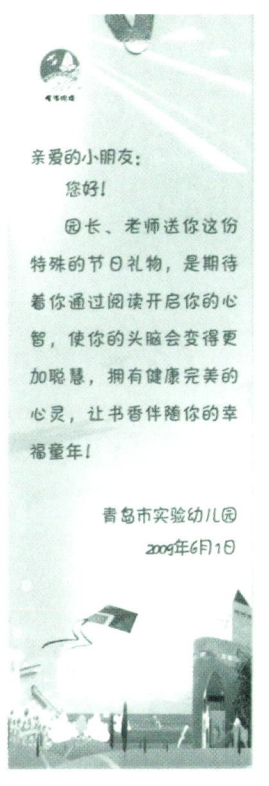

图2-2 赠送幼儿书签反面

附：教职工赠语

亲爱的老师、员工：

您好！

忙碌的一天，是否给自己留一方空间，静静地打开一本书，与大师对话？

请相信开卷有益的真理，加入到阅读行动中来吧，让书香溢满您的生活，愿阅读润泽您的心灵，伴随您的一生！

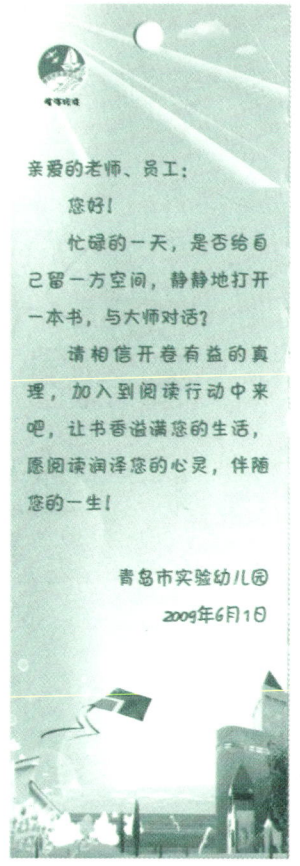

图 2-3　赠送教职工书签反面
（赠送教职工书签正面同幼儿书签）

附：家长讲话稿

让孩子爱上阅读

中一班　宋嘉禾妈妈

尊敬的宁园长、各位老师、小朋友们：

你们好！我是中一班宋嘉禾的妈妈。阿姨也经常来到幼儿园做志愿者，带来有趣的绘本，给你们讲好听的故事。所以，中一班的小朋友都叫我为"故事妈妈"。阿姨在这里首先要感谢幼儿园举办"阅读节"，给孩子们创造这么好的读书氛围，让这些幸运的孩子们在这个书香满园的幼儿园里吸收着更多的营养而茁壮成长；感谢宁

园长、韩主任在"六一"儿童节这个特殊的日子里为你们选择很多优秀的图书,作为礼物送给孩子们,让他们感受到图书的价值!

宋嘉禾和其他小朋友一样,平时非常喜欢阅读。每到周末我们就会去书城、图书馆看书。在家里,阿姨会把图书放在沙发、茶几或床头,让他随手就可选择喜欢的图书进行阅读。每天晚上睡觉前,阿姨还会给他讲述图书伴他进入梦乡。慢慢地,宋嘉禾经常沉迷于读书之中,而且喜欢给妈妈讲图书听,我和宋嘉禾都很享受一起读书的美好时光!其实呀,图书里有很多的宝藏,想要找到他们吗?那就快来读书吧!

阿姨相信小朋友的爸爸妈妈们和阿姨一样都希望你们能拥有聪明的头脑,善良的心灵,良好的性格和幸福的人生。而这一切都可以从各类丰富、有趣的图书中获取。希望小朋友们不仅仅是在幼儿园中,还要在家里都能把阅读作为一种良好的习惯,好吗?

2009.5.31

附:教师代表发言稿

让图书成为我们共同的朋友
——青岛市实验幼儿园庆"六一"暨第一届"阅读节"教师代表发言稿

敬爱的园长、老师,亲爱的小朋友:

你们好!

今年的"六一"节是个特别的节日,因为,今天也是实验幼儿园"阅读节"启动的日子!小朋友不仅唱歌、跳舞、做游戏庆祝节日,而且每位小朋友都收到了一本爱不释手的图书礼物,可以阅读有趣的图书,可以在绘画、表演中表达自己读书的感受!在这里,我代表全体老师祝小朋友们"六一"节快乐,祝你们"阅读节"快乐!

"阅读节"不仅是小朋友的节日,也是老师们的节日。老师们也收到了图书礼物,心里非常感动,我们能够体会园长期盼老师们读书的真切心愿。在此我代表老师、伙房的叔叔阿姨、保健大夫向园长表示衷心的感谢,感谢园长精心选择的好书,

祝贺实验幼儿园拥有了一个特别的、非常有意义的节日！

这个节日将会使老师、小朋友们受益终身！

因为，世界上许多伟大的人都喜欢读书。温家宝总理就是一个热爱读书的人，他还鼓励国民人人读书，他说："书不能改变世界，但读书可以改变人，人是可以改变世界的。读书可以给人智慧，可以使人勇敢，可以让人温暖。"历史上的孔子老先生不仅自己热爱读书，而且当老师教许多人去读书。台湾地区的人们就将9月28日孔子生日这一天作为教师节，以鼓励人们多读书。

人们调查过，每一年，犹太人每人能读64本书，苏联人每人能读55本，美国人每人能读50本，而中国人每人才读4本多一点。我们远远落在后面。所以犹太人虽然人口很少，但是有许多人获得了著名的诺贝尔奖，世界上著名的思想家马克思、科学家爱因斯坦、心理学家弗洛伊德都是犹太人。小朋友，让我们一起来读书，读的书多了，就更聪慧。爱读书的人多了，国家就更富强了。

有的小朋友喜欢看电视动画片，看电脑，看的时间长了，不仅容易影响眼睛的视力，而且变得不爱动脑筋、不爱思考。而有的小朋友特别喜欢读书，读书可以激发你们开动脑筋思考、富于想象，可以感动你的心灵，所以这些小朋友就特别聪明、健康、快乐。

在幼儿园里，也有许多爱读书的老师。实验幼儿园一共有四个教师图书馆，图书馆里除了有小朋友的书，还有许多老师们读的书。有的是园长去英国、美国的时候背回来的，有的是去北京、上海、南京买回来的，还有园长和老师们自己写的书。老师们读了许多对自己工作有用的书，他们在自己的宝宝入睡之后读书到深夜，也有的老师不去逛街、不看电视剧，挤出时间来读书。老师们读了这些书后，懂得了很多教育小朋友的道理和办法，知道怎样与小朋友快乐地生活在一起，怎样更有意义地工作。

今天，每人又有了两本珍贵的图书，我们一定像咀嚼一块香喷喷的烤肉一样，品味书中的道理，这样我们就会有更多的教育小朋友的本领。如果我们遇到难题，就去请图书帮忙，寻找解决问题的答案！

也许有的老师会说："我每天都很忙，没有时间读书怎么办呀？"如果一天中抽出半小时读三四页书，一个月就可以读上百页，一年就可以读几本书。这样就会赢得更多小朋友的喜爱！

小朋友们,读书好吗?让我们一起读好书,好读书,让图书成为我们共同的朋友吧!

我们不仅在今天要一起读书,在这一周要读书,而且要坚持天天读书,让读书伴随每一天的生活。这样我们就能成为幸福的人!

2009.5.27

附:"阅读节"奖项

"书香宝贝"奖

_____小朋友:

你每天与书为伴,书成为你最亲密的朋友。你爱读书,在书的海洋里吸取营养,获得快乐,你是当之无愧的"书香宝贝"。

祝贺你在青岛市实验幼儿园"阅读节"中被评为"书香宝贝"。特颁发此证,以资鼓励!

青岛市实验幼儿园
二零一零年六月一日

"书香家庭"奖

_____小朋友:

你的爸爸妈妈很有智慧,每天与你一起畅游在图书的世界里,让你变得更加聪慧!图画书凝结了你们全家的幸福!

祝贺你们荣获青岛市实验幼儿园"阅读节"的"书香家庭"称号。特颁发此证,以资鼓励!

青岛市实验幼儿园
二零一零年六月一日

"故事大王"奖

_____小朋友:

你生动的讲述给小朋友们留下了深刻的印象,有时逗得大家哈哈大笑,有时引

发大家静静思考,听你讲故事,真是快乐、幸福!

祝贺你在青岛市实验幼儿园"阅读节"中被评为"故事大王"。特颁发此证,以资鼓励!

青岛市实验幼儿园
二零一零年六月一日

"爱书小使者"奖

_____小朋友:

你对待图书就像自己的好朋友,轻轻拿,轻轻翻,轻轻放,歪了的图书摆正,折了的书角铺平,撕了的书页粘好。你爱惜图书在每一天!

祝贺你在青岛市实验幼儿园"阅读节"中被评为"爱书小使者"。特颁发此证,以资鼓励!

青岛市实验幼儿园
二零一零年六月一日

"表演小明星"奖

_____小朋友:

你形象、有趣的表演,带给大家无尽的乐趣,你的扮演生动、逼真,令伙伴们印象深刻!

祝贺你在青岛市实验幼儿园"阅读节"中被评为"表演小明星"。特颁发此证,以资鼓励!

青岛市实验幼儿园
二零一零年六月一日

"小作家"奖

_____小朋友:

你喜欢阅读图画书,你用自己的智慧,创编出全新的角色、全新的情节、全新的绘画。你开动脑筋,创编出一个又一个有趣、新奇的故事!说不定在不久的将来,大

家会读着你创作的图书噢!

祝贺你在青岛市实验幼儿园"阅读节"中被评为"小作家"。特颁发此证,以资鼓励!

青岛市实验幼儿园
二零一零年六月一日

主审点评

"阅读节"是属于青岛市实验幼儿园的节日,"六一"国际儿童节是世界全体儿童的节日。我们不禁要问:节日对儿童来说,究竟意味着什么?与单纯追求舞台表演效果的"热闹"不同,"阅读节"这一节日课程的表现形式似乎显得那么"安静",启动、策划、准备各环节都那么"顺理成章",然而,当我们有机会理解幼儿眼中的"过节"是什么的时候,我们才第一次有机会真正理解儿童视角下的"节日课程",第一次亲见"节日"背后那些园长和教师们忙碌身影背后的教育真谛。

节日文化是课程资源开发和利用的重要组成部分,"阅读节"兼顾"仪式"与"课程"的双重意义,将"节日"作为课程资源开发和利用的一种表现形式,从幼儿早期阅读中的问题入手,最大程度上整合幼儿周围的专家资源、教师资源、家长资源。由此,图书馆课程资源建设与幼儿的节日文化自然联系,"'阅读节'不是为了得到某种荣誉的途径和工具,而是一种生存方式"。

> 第三章　书屋里的幼儿故事

图画书的最大魅力在于其内容能够引发幼儿思想上的共鸣。他们在图书中能够找到自己,好像那就是发生在自己身上一样;他们在图书中能够体味到自己,好像自己曾经也有过那样的担忧、害怕、喜悦、兴奋、焦虑。因此,幼儿在读这些图书的过程中和读完之后,总是伴随着对自身生活的回忆、想象、再想象。图书成为联系幼儿生活和童话世界的桥梁。图画书的欣赏与创作活动,为幼儿舒展自己的想象提供框架和"具有发展适宜性"的背景。

第一节　图画书的乐趣

一、我喜欢的图画书

要利用图画书激发幼儿进行再创作,其前提是幼儿对图画书的内容、内涵有深刻的理解。如果我们仅仅找

到图画书的某几个页面,让幼儿模仿图书画面的内容,图画书就只能成为幼儿创作的生硬的模仿范例。如果缺乏对图书内容的深刻感知,对图画书缺乏情感和理解,幼儿只能机械地模仿表现,难以灵活运用,他们的兴趣并不会浓厚。

在主题"春天"的实施过程中,教师和幼儿收集了丰富的与主题相关的图书,例如《春天去派对》《小牛的春天》《花园里有什么》《树爷爷》等,这些图书给主题实施带来了新的信息和切入点。幼儿充分欣赏《花园里有什么》,通过观察图画书优美、丰富的画面,欣赏其生动有趣的语言,分别从听到的、看到的、感觉到的等方面在心中勾画出美丽的春天景象,激发出走向大自然、感知大自然的欲望。在深刻地理解了图画书的内容之后,教师带领幼儿走进树林,从远处、近处、树底下等不同的角度感知春天的树,并给予幼儿充分的自主观察、自由表达的机会;采用对比观察的方式,选择不同的树进行对比,以便深刻感知春天树的变化;采用体验式观察的方式,让幼儿亲身触摸树干、花瓣、枝叶,在密切接触中获得真切的体验。有的幼儿提出:"图画书中说春天在土壤里,是真的吗?"于是教师带领幼儿拿着铲子挖开泥土,寻找土壤中的春天,他们发现了跑来跑去的西瓜虫、白白胖胖的刺草虫、拼命钻土的蚯蚓,深刻地感受到泥土中也有热闹的春天。有的幼儿说:"我也想听听春天的声音。"于是教师带领他们到社区的花园里,他们闭上眼睛,倾听春天的声音,小鸟啾啾啾,春风沙沙沙,幼儿笑哈哈。深入的感知给幼儿的创作带来了灵感,幼儿再次创作《花园里有什么》时,其表征作品不仅呈现出个性化,而且真切地表达出自己的发现。图书中的图画能伴随着故事内容,激发幼儿对美的感受,也可以为幼儿提供创作的方法,引发幼儿自主的想象与创作,彰显出幼儿个性化创作的生命力。

二、将图画书带入生活

优秀的图画书具有的鲜明特征就是贴近幼儿的生活。幼儿阅读这些图书时,经常能够唤起自己的已有经验。在图画书的欣赏与创作活动中,我们通过迁移幼儿生活经验来理解图画书内涵,将图画书经验拓展、运用到幼儿生活中去等方式引发幼儿创作的热情。

优秀的图画书总是凝聚着幼儿的所思所想,有些图书与幼儿自身的生活经历密

切相关,我们通过让幼儿欣赏和创作图画书来延伸、拓展其思想内涵。如《我不是故意的》《我们和好吧》《各种各样的害怕》《规则是什么》等等,我们引导幼儿在阅读这些图书的过程中,结合自身生活经验理解"规则的意义""害怕的多样"等,并鼓励幼儿迁移新的阅读体验,制作新的图书,让幼儿的阅读在生活中有所延伸、有所运用,让图书真实地伴随幼儿的成长!

许多心理自助方面的图画书在帮助幼儿理解自我、理解与同伴交往过程中的关系处理方面有着深刻的影响。因此,我们挖掘图书的思想内容,阅读了《真正的朋友》《友谊》图书之后,引导幼儿发现和理解"朋友""友谊"的内涵,在创作过程中将发生在自己身边的、自己亲身经历的友谊创作到图画书中。有的幼儿认为,"友谊是一同上幼儿园";有的认为,"友谊是把小粘贴分给我";有的认为,"友谊是我哭了的时候,她给我擦眼泪";有的认为,"友谊是我不敢荡秋千时,她说你能行"。再如阅读了《兔子萝莉》一书后,幼儿不仅能够发现自己及他人的优点,而且在彼此欣赏其长处的过程中共同成长。在此过程中,幼儿纷纷创作了"好朋友真棒""我也很棒"等图书内容,那些不自信的幼儿,从认识自我、相信自我到不断发现自我的长处,逐步建立起自信,那些不合群的幼儿逐步被朋友接纳,融入共同的班集体中。一本图书能让幼儿生活在一个温暖的、拥有真正友谊的集体中,这就是阅读的魅力和影响力。

有的图画书能够影响幼儿对生活意义的理解。例如《难忘的假日》一书中,除了幼儿体验到的美丽风景令人难忘,克服困难、惊奇的发现、一家人互帮互助等都是假日令人难忘的一部分。每个幼儿都有着丰富的假期旅行经历,那么在幼儿实际生活中难忘的事情是什么呢?通过图画书创作活动,幼儿淋漓尽致地表达出自己的假期体验。例如与哥哥一起乘坐游船克服恐惧的心理是难忘的,把自己爱吃的食物让给小妹妹是难忘的,旅行时生病了从窗户中欣赏大海美景也是难忘的。在幼儿创作新的图画书的过程中,图画书不仅走进了每个幼儿的心灵,而且真切地影响了幼儿的生活。

图画书的幻想性是儿童文学的显著特征,图书的创作将为幼儿插上想象的翅膀,任幼儿自由放飞自己的思想,让幼儿在创作中体验阅读的快乐。如《妞妞的鹿角》《小猪变形记》《它藏到哪里去了》等图书具有奇特的想象力,契合了幼儿富于想象的心理特点,于是我们充分唤起幼儿已有的经验,启发幼儿想象创作。如依据《妞妞的鹿角》,结合对动物鲜明特征的理解,有的幼儿通过想象创作的是妞妞长出一对机灵兔耳朵,听到了大灰狼来到的声音,及时逃脱;有的幼儿创作的是妞妞长出一根象鼻子,为花园里的花草浇水,为小动物们洗澡;有的幼儿创作的是妞妞长出孔雀的尾巴,晚上睡觉的时候拔出一根根羽毛,为每位小朋友盖上软软的被子,等等。再如,依据图画书《首先有一个苹果》,幼儿结合已有的数量关系经验和日常生活中各种事物之间的逻辑关系,创作了《首先有一个梨》《首先有一棵树》等图书。

三、小小"创客"

幼儿的语言有一百种。图画书的欣赏与创作也是如此。我们鼓励幼儿选择自己喜欢的多种多样的形式开展图画书的创作活动,如绘画、泥工、拼摆、搭建等。例如欣赏了《我想回家》图画书之后,幼儿分别采用绘画、泥工、拼摆等不同的形式进行创作,将自己在主题活动中获得的关于不同交通工具的经验迁移到创作中。

有的图画书的创作可选择核心性的画面加以呈现。例如《月亮的味道》一书,小动物们最后够到月亮的画面不仅是故事的高潮部分,而且从中能够看到整个故事中的形象,回忆起故事的情节,因此我们请幼儿呈现这一核心画面来创编整个故事。由于形象较多,教师为幼儿提供长条纸,以折叠的形式,来创作表现。

有的图画书的页面具有连续性,需要幼儿合作完成。例如《风中的树叶》分别讲述了十片柳树叶为小动物、小朋友等提供的帮助,因此我们请幼儿创作不同的柳树叶为他人提供帮助,合作完成一本图书。《小猪变形记》讲述的是小猪不断将自己装扮成不同的小动物,其前后的情节具有很大的关联性,需要幼儿合作才能保持情节的连贯、流畅。

每一种艺术表现形式都有其独有的特点和价值,也具有其适宜性。有的图画书中的场景比较生动,建筑比较突出,易于运用积木加以表现,教师引导幼儿对图画书中的形象或者场景进行抽象的结构分析之后,进行搭建再现。例如《年的故事》中有关年、龙的形象栩栩如生,幼儿运用搭建的形式再现其复杂的结构。《托马斯小火车》中有着形态各异的城堡,幼儿运用积木表现出高矮不同、形态不同的建筑。《母鸡萝丝去散步》的扉页便呈现出母鸡萝丝去散步的整个场景,不同的地点有着不同

的建筑或者设施,幼儿依据故事情节的发展,运用搭建的方式形象地再现出小池塘、栅栏、磨坊、草堆等场景。

很多图画书是世界著名的艺术家创作的,带有极强的艺术感染力,在欣赏与阅读过程中,幼儿自然而然地受到美的熏陶。对艺术风格的欣赏与创作需要在教师的点拨与引导下进行,让幼儿在观察、对比中感知艺术美,理解美的规律,并在创作中转化为幼儿的审美能力和创作热情。幼儿在感知掌握了一种创作方法之后,便拓展到其他内容中,与不同幼儿的经验相对接。比如《母鸡萝丝去散步》《金老爷买钟》等图画书是典型的装饰画风格,教师引导幼儿欣赏其图画的独特风格,如对称、整齐地排列等特点,之后,引导幼儿运用装饰画的方式迁移其创作手法,创作《各种各样的钟表》《母鸡萝丝去散步》等。

第二节　图画书创意故事

一、《点点和多咪的信》——点燃幼儿创作的火花

对幼儿来说,图画书就是幸福的种子,是他们感性认识世界的开始。优秀的图画书,其内容应取材于幼儿所熟知的周边世界和生活,这有利于幼儿通过阅读将自己的生活经验与读本建立起联系,从而加深、拓展对自然、社会环境和情感的理解。语言教育学家克罗·爱德斯基曾指出,听说和读写事件,都应该发生在日常生活中,而所使用的语言应该是真实的、和生活相关的。因此,我们选择制作图画书的主题不能脱离实际,而是要能让幼儿将图画书与生活里发生的片段建立起内在的联系,用表征、讲述的方式将这一个个片段串联在一起,变成一个整体的图书内容,从而分享和提升他们生活的经验。

（一）选取、赏析适切幼儿生活的图画书

图画书《点点和多咪的信》是一个叙述性故事,以小狗点点和小猫多咪的信为

线索,讲述了点点和多咪这对好朋友相互写信约会、邀请做客和表达思念的温馨故事。

书中点点和多咪虽然住在不同的地方,但是他们还会时时挂念对方,并通过写信的方式邀请对方一起游玩,表达对对方的想念。书中共有三封信:第一封信是多咪写给点点的,约他中午到大树下面,一起放风筝、打羽毛球、吃冰激凌,表现了朋友间喜欢约会、共同游戏、相互分享的心愿;第二封信是点点写给多咪的,邀请多咪晚上到家里做客,共进晚餐、一起游戏,表现了朋友间喜欢拜访、做客,亲密而难舍难分的情景;最后一封信点点告诉多咪自己晚上做梦,梦见了多咪,可是多咪看到信以后误认为是点点生了病,马上到点点家去看望点点,而不巧点点外出钓鱼,两个好朋友最终在大树下相遇,明白了朋友间彼此关心、相互挂念的美好情感。

图 3-1

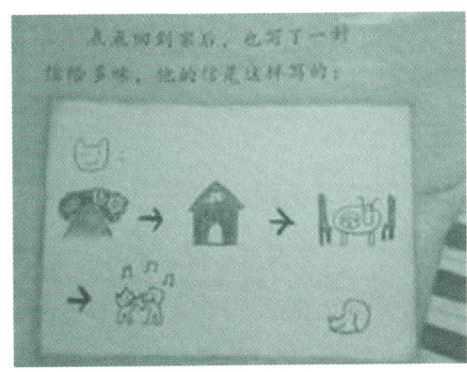

图 3-2

图 3-3

(二) 在师幼共同阅读中, 理解书中朋友交往的情感和内涵

1. 温馨美好的内容, 引发幼儿生活经验的共鸣

中班的幼儿处在"去自我中心"的萌芽期,他们喜欢和同伴一起玩,在活动中他们逐渐了解和学会交往,体验共同分享的快乐。书中小狗点点和小猫多咪一起约会、做客、共同游戏的画面非常温馨,特别是书中结尾处两位好朋友因互相挂念而再次见面的画面,与幼儿日常生活中好朋友之间相约假日活动、互相做客、分享心爱的图书和美食、问候生病的伙伴等情节十分吻合,能唤起幼儿的已有生活经验,产生情节、情感上的共鸣,更能加深幼儿对"有朋友真好"的美好情感的理解。

幼儿被这个美好的故事深深吸引,他们通过观察书中的场景、角色的动作和信中的图画、符号等,了解点点和多咪相处的情节,教师通过提问"他们在干什么,你和朋友做过像点点和多咪这样的事情吗？你想朋友时是怎样做的?"等,引发幼儿回顾、表达自己与朋友相处的生活经验,"我想好朋友时就打电话,约他到小区里一起骑自行车;我愿意带着新玩具到朋友家玩,让他知道我喜欢他;我和朋友最喜欢去赶海,一起堆沙堡、捉小螃蟹……"图画书的情节自然地与幼儿的生活经验建立起联系,他们非常欣赏点点和多咪交往、相处的方式,并能结合自己的生活经验阐述对这两个角色间情感的理解,如"多咪知道小狗点点怕热,所以要约他一起吃冰激凌呢;点点请多咪做客,在家里要准备好吃的,这样朋友来了才高兴;多咪在信里看到点点躺在床上闭着眼睛以为他生病了,心里会担心……"这为提升幼儿阅读图画书的兴趣、理解其中的情感内涵提供了支持。

2. 独特的信息沟通方式, 增添幼儿阅读的乐趣

图画书中点点和多咪是通过"信"这一特殊的方式进行信息和情感的传递、沟通的。这与幼儿生活中惯用的面对面交流、打电话和肢体动作表达等沟通方式迥然不同:"信"是最传统且具反复阅读品味和收藏意义的另一种沟通途径。图画书中的三封信运用了简单清楚的图画、符号,能让幼儿清晰地感受到口头语言和书面语言的对应关系,了解写信的方法和步骤,以及传递信息的多种途径,从而能使幼儿喜欢上"图画信",感知"信"作为信息传递的又一方式的新意。

在阅读中,幼儿尝试根据图画的提示大胆读信,猜测故事情节,如第一封信中的

"小山、大树下的小动物"等,有的幼儿认为是"多咪告诉点点要一起爬山、在树下乘凉、玩游戏",有的幼儿认为"两个好朋友要在中午的时候在树下见面……"幼儿对信的内容有着自己的理解和解读,教师没有否定,而是鼓励幼儿充分表达,等他们将感兴趣的内容说完以后,再帮助其将信的时间、地点、事情都分析清楚,使幼儿明白信上的图画表示的含义,以及写信格式,如称呼、冒号、正文及最后的落款等。在读信的过程中幼儿感受到信的奇妙作用,了解到信可以将自己的想法、想象的事情和对他人的关心表达出来,让彼此在图文的传递和阅读中理解意图和内心的想法,从而为阅读增添新的乐趣。

3. 富有特点的表征结构和符号为幼儿个性化的表达提供支持

图画书中的三封信运用了简单而富有意义的图画,表达了写信者的意图(如山顶上的太阳、星星分别表示中午和晚上;房子表示到家里做客等),这些图画由写信者赋予特殊的意义,也给幼儿阅读提供了猜测、想象的空间,使得幼儿理解自己想表达的内容可以借助简单的图画表示,即口语内容与图画内容是可以转换的,图画内容是按自己的意愿所设定的,具有个性特点。信中还蕴含了冒号、箭头、联想号、音符等特殊符号,它们代表特定的意义,为大家所共识,对这些符号的认识和理解能激发幼儿对前书写的兴趣和尝试运用的欲望。阅读中教师引发幼儿思考:"如果你来写信,你想给谁写,怎样表示你和对方? 中午、晚上等时间还可以怎样表示?"等等。幼儿大胆想象、创设图案和符号,个性化地表达自己的想法,如要给妈妈写信,幼儿表现"妈妈"的方法各不相同,有的用头像、有的用口红、有的用高跟鞋、还有的用眼镜表示等等,图画符号的表征再现了幼儿在生活中对"妈妈"的感知经验,这些符号是幼儿自主选择、自主创意的,凸显了幼儿个性化的思维和表达,具有独特性,这为幼儿依据自己的生活经验、现实的表达需求开展"写信"提供了有力支持。

(三)借助图画书真切表达,富有灵性地传递信息与情感

结合"好朋友""汽车叭叭叭"等主题的实施,我们向幼儿推荐了这本图书。师幼共同阅读、猜测图书内容、自主讲述和谈论书中点点与多咪写信的方法及表达的情感等,从而深刻理解图书内容、了解"信"的书写规律和功能。在阅读过程中,幼儿被点点和多咪这对好朋友的真挚情感所感动,一封封有趣的信件也激发了幼儿阅读

和创作的兴趣。

1. 以"信"表达想法，传递信息

在"汽车叭叭叭"主题中，我们带领幼儿了解了一些简单的交通规则，如开车的时候要看红绿灯、不能酒后驾车等，这些信息与幼儿的生活息息相关。幼儿将这些信息结合图画书引入自己的生活，通过"信"向家人、朋友传递。从最初"信"的表征中可以看出，中班幼儿对符号的理解不够深刻，他们都是以图画的形式表现的，构图方式与平常的绘画作品雷同。教师一方面赞赏幼儿能大胆书写"图画信"，基本掌握了写信的格式等，另一方面引导其再次阅读图画书中的"信"，在讲述与对比"信"的过程中进一步发现、理解"信"的符号应用要简洁、有条理和适宜等。在此基础上，幼儿结合自己生活中对家人、朋友在驾车、行路的过程中的嘱托、关爱等再次尝试、书写，从内容、结构、符号应用和语序等方面都有了丰富和提升。

（分析：幼儿对符号的理解不够深刻，他们都是以图画的形式表现的。萌萌要提醒姥爷开车堵车时不要着急，她就画了一个人表示姥爷，画了一辆车表示车，并没有很好地运用简单的符号。）

图3-4　姥爷：开车堵车不要着急。　刘乐萌

图3-5　爸爸：开车的时候不要打电话，眼睛不要东张西望，要往前看，看好红绿灯。　杜宜建

从幼儿的作品中我们可以看出,他们理解了"信"的格式,内容越来越丰富,呈现方式也逐渐富有条理和语序感,他们能选择适宜、创造性的符号传递自己更多的想法和信息,表达更具个性化。

2. 以"信"表达关爱,传递情感

"信"的书写、传递和阅读能使通信者通过文字、符号实现心与心的交流,达到情感沟通的目的。幼儿期是情感教育的重要时期,尤其是关心行为的形成会受到其特有的自我中心思维和认知水平的制约,受情绪情感的影响。因此,成人需在幼儿的现实生活中创设有意义的教育情境加以示范和引导,使其体会到关心别人不但会使别人感到快乐,而且能给自己带来快乐,使大家都感到温暖和快乐。

在"北风来了"主题中,我们引导幼儿调查人们过冬时的感受和冬天自我保护的方法等,开展"爱在冬天的温暖行动"活动。幼儿迁移以往"写信"的经验,给自己的爷爷奶奶、爸爸妈妈和身边熟悉的人写信,叮嘱他们要多穿衣服、注意保暖、加强锻炼、提防雪地摔跤、多喝热茶和热汤等,将自己的关爱传递给了他人;日常生活中,他们给生病不能入园的好朋友写信,询问病情、叮嘱好朋友好好休息、祝愿早日康复;过新年、圣诞节时,他们会将祝愿通过"写信"的方式表征在贺卡、心愿卡上,以表达自己真挚的祝福。幼儿在交流中说:

"我奶奶经常头疼,每天都要吃药,我要提醒奶奶不要忘记吃药……"

"我姥爷一到冬天就腿疼,我要提醒姥爷穿上棉裤保护好腿……"

"我妈妈有了小宝宝,要在家多休息,还要注意保暖,别感冒了……"

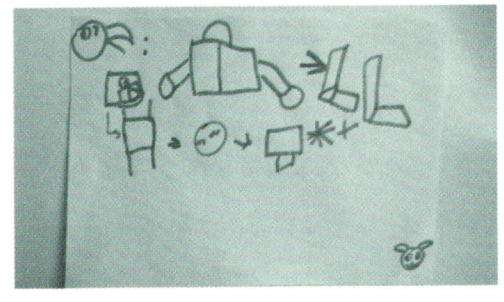 

图3-6 妈妈:你出去散步的时候要穿上大衣和棉靴,在家里要注意休息,好好吃饭,不要看太多电视,这样才不会辐射小弟弟。 冯香凝

图3-7 爷爷:天冷了,你出门的时候要戴上帽子,穿上毛衣和棉鞋,还要戴上手套。 王一然

图3-8 哥哥:你上学的时候要戴上帽子,穿上大衣,多喝一些开水,还要好好看书学习。 孙牧天

幼儿一封封充满关爱、充满童真童趣的信,也许在符号运用上还很稚拙,在格式上也不是很规整,在内容上更是简单,有的就是一句话。但这是他们自己内心的表现,写信成为幼儿表达想法、倾诉情感的另一种方式,也使他们感受到了互相关心、互相牵挂的美好和快乐!

二、《母鸡萝丝去散步》——激发幼儿创作的欲望

图画书是用图画和文字来共同叙述一个完整的故事,是图文合奏的。它是透过图画与文字这两种媒介在两个不同的层面上交织、互动来讲述故事的一门艺术。在图画书里,图画不再是文字的附庸,而是图书的生命。

由于多数幼儿不识字,所以幼儿在看图画书时大多是看图画讲故事,因此,我们不断引发幼儿透过图画解读图书大意。在幼儿与图画的对话中,他们不仅是理解图画书的内容,还会自然而然地关注到图画书中的图画。

纵观各类图画书,它们均具有各种不同的艺术风格。那什么是图画书的艺术风格呢?培利·诺德曼在《阅读儿童文学的乐趣》中说道:"风格与色调或媒材不同,是一种无法分开来看的特质。风格是整体来看的效果总和,是插图或文字之所以看来有别或甚至独特的原因。风格是从艺术家对主题和呈现方式所做的不同选择中发展出来的……"在夏洛特·S.赫克等人合著的《儿童文学在小学》一书里,艺术风格被分成了八类:写实或具象派艺术、印象派艺术、表现主义艺术、超现实主义艺术、稚拙和民间艺术、卡通艺术、文化习俗及个人风格。对图画书不同艺术风格的欣赏,

其实就是幼儿对图画书内容感知、体验、理解、想象的过程。在图画书阅读过程中，我们引导幼儿不断关注图画书的艺术风格，通过欣赏图画书获得精神的满足和情感的愉悦，进而激发幼儿运用多种艺术表现形式创造性地表达自己对图画书的体验和理解。

《母鸡萝丝去散步》是一本经典的图画书，现以此书为例，说明幼儿是如何欣赏并创作的。

(一) 图画书《母鸡萝丝去散步》的艺术风格分析

在幼儿开展图画书的欣赏与创作之前，教师应首先成为图画书的第一读者，深刻解读图画书的内涵，挖掘其审美的价值，分析其意义，丰富和提升对图画书的独特见解。

1. 用横长画面表现故事内容

在反复阅读中教师发现，这本书其实潜藏着三个故事：文字的故事、画面的故事，文字和画面共同构成的故事。其中图书画面有14个，而文字却只有32个，因此这是一个典型的通过图画来讲述故事的图书。故事中萝丝和狐狸一前一后处于同一个画面中，一个迈着碎步神闲气定，一个张牙舞爪却又总是丑态百出，形成了可笑的对比。图画书中文字讲述的是一只母鸡悠然自得地去散步，兜了一圈回来，似乎什么事情也没有发生，实际上画面表现的是一只狐狸一直在虎视眈眈地跟着，因为倒霉透顶，被各种各样的客观条件所惩罚，阴谋才未能得逞。所以这本图画书其实讲述的是一个追逐的故事，一个在走动中完成的故事。因此作者佩特·哈金丝为这个故事设计了横长的画面，而且除了最后萝丝归家的一页是单页之外，其他全部是对开跨页的设计。

图3-9 图画书中横长、对开跨页的页面(1)

图3-10　图画书中横长、对开跨页的页面(2)

2. 用夸张的形象和色彩表现人物

《母鸡萝丝去散步》这本图画书构思巧妙，艺术语言特征明显。表现为运用艺术夸张的手法，即形态夸张，色彩夸张，最显著的特点是非自然形态的主观造型，即装饰变形，如图画中的人物和背景等均运用了这一手法。图画书的图画构图主题鲜明，以意象造型观念表现故事的主体，造型夸张，在装饰手法上它既像剪纸，又像刺绣或是毛衣上的图案，不仅是鸡和狐狸，连后面的树、农家、风车等背景也都画得像装饰画一样；其画面色彩对比强烈，图画中的橘黄、橄榄绿以及朱红，都被完美和谐地统一在一种偏黄的暖色调中，具有极强的艺术装饰风格。

图3-11　图画书中的装饰风格

"美即是真实，真实即是美，追求美与真的统一。"在这本图画书中，作者因为自然形态自身的局限性远不能满足心中所要表达的思想要求，因此在主观审美意识的驱使下，在自然与艺术双重作用的影响下，画者开始对自然形态进行再创造，通过发散思维，打破传统的思想局限，运用不同色彩、不同艺术风格进行有新意的图书创作，因此成就了这本具有独特艺术风格的优秀绘本。

通过细致阅读和分析，我们认为《母鸡萝丝去散步》是一本纯粹用图画来讲述故事的成功范例,其画面生动,故事有趣,人物形象特点鲜明,画面色彩艳丽、对比强烈,装饰风格独特,因此此书无论是在内容情节还是艺术表现等方面,都蕴含着巨大的创作空间,非常适宜幼儿进行阅读和创作。

(二) 图画书《母鸡萝丝去散步》的欣赏与再现

1. 引发幼儿对图书的兴趣

明确了图画书的丰富内涵和艺术价值,教师与幼儿进行阅读与分享。教师采用引领阅读扉页了解故事发展历程、幼儿自主阅读并讲述的方法,使幼儿结合自己的体验充分表达对图画书内容的独特感受。幼儿被图画书生动的形象、鲜艳的色彩所吸引。书中丰富的场景和情境细节的暗示,狐狸和母鸡夸张的动作与表情,给予幼儿无限的遐想和表达的空间,他们编讲出一段段有趣的故事情节,一次次沉浸在图书阅读与表达的快乐之中,激发起自主阅读的兴趣,充分体验到图书阅读的乐趣。

2. 幼儿对图案花纹的欣赏理解

在幼儿反复阅读、充分理解图画书内涵的基础上,教师引导幼儿从对图画书内容的关注转向对图画书画面的欣赏,以便为幼儿开展自主创作做好铺垫。于是教师与幼儿共同开展了图画书艺术风格的欣赏。教师采用与幼儿边欣赏边讨论的互动方式,引领幼儿充分观察图画书中的图案和我们平时看到的图案有什么不同,图案和花纹是怎样呈现的,等等。幼儿发现图画书中的图案非常丰富,每个图案上都有花纹,装饰得很漂亮,花纹排列得很整齐,有对称的,有按规律排序的,还有的是中间一个然后向四周发射出去的等等。

3. 幼儿对人物造型、色彩的感知理解

在阅读欣赏过程中,幼儿被图画书中那暖如夕阳的颜色所吸引。橘黄、橄榄绿以及朱红,都被完美和谐地统一在一种偏黄的暖色调之中。幼儿发现图画书中的母鸡萝丝画得装饰味儿极浓,萝丝的头、翅膀及尾巴是黄色的,身体是朱红色的,翅膀和尾巴还被画上了黑色的羽毛状花纹,身体被画上了点点。而在幼儿经验中始终是反面角色的狐狸,画家并没有因为它是一个丑角而丑化它,相反还把它美化了,尖耳朵的轮廓和腿是深褐色的,耳朵和肚子是白色的,身体及长长的大

尾巴则是橘黄色的,上面布满了由复杂的圆点、线条和黑三角组成的装饰性图案。幼儿说:读这本书让我感觉很温暖;原来狐狸是坏的,但是看这本书我觉得他也不是那么讨厌了。幼儿还发现,狐狸动态鲜明,它一会儿身体紧弓,一会儿甩到了天上,一会儿又一个倒栽葱。还有它的表情、会说话的眼睛把它的狡猾与贪婪全都写在了脸上……而母鸡萝丝却从头至尾都保持着一个姿势,半闭着眼睛不紧不慢地走着。幼儿对人物外形、神情夸张、色彩运用的深入观察与理解,为其后期创作奠定了经验基础。

(三)图画书《母鸡萝丝去散步》的幼儿经验表征

1. 幼儿经验的再现性表征

充分的欣赏引发了幼儿创作表现的欲望,幼儿选择自己喜欢的情节运用多种方式进行再现,进一步加深了对图画书的理解。幼儿的绘画作品充分展示了对此书艺术风格的欣赏、理解与运用,通过对幼儿作品的分析,教师发现幼儿能结合图画书的装饰特点表现自己喜欢的情节和内容。但是欣赏的最终目的是将图画书作为创作表现的支架,鼓励幼儿大胆地结合生活经验进行创造性的表现,因此教师与幼儿继续欣赏、感知图画书画面的色彩、图案,人物的造型、神情,背景的设计等创作元素,掌握夸张、对称等表现手法,让幼儿发挥创造潜能,迁移学习经验,运用绘画、拼摆、拼插等多种自己喜欢的形式表现对图画书的喜爱。

图3-12 运用水粉画的方式表现图画书的情节(1)　　图3-13 运用水粉画的方式表现图画书的情节(2)

图3-14　运用线描画的方式表现图画书的情节(1)　　图3-15　运用线描画的方式表现图画书的情节(2)

2. 幼儿经验的创造性表征

在区域活动中,除了运用绘画的形式,幼儿还运用多种自己喜欢的方式表现对图画书的创作。其中福禄贝尔拼图玩具是幼儿非常喜欢的一种创作表现形式,它具有很强的可变性和极大的自由表现空间,可以满足不同水平幼儿创作的需要。以下呈现了教师在观察基础上引导幼儿对故事情节进行拼摆创作的案例。

教师观察记录

图画书《母鸡萝丝去散步》讲述的是母鸡在农场中散步时与狐狸之间发生的有趣的事情,幼儿阅读了这本图画书特别喜欢。一早,王广泽就来到拼图区,选择拼摆《母鸡萝丝去散步》这本书。以往幼儿多是模仿再现这本书的情节,教师思考:如何拓展幼儿的想象力,更好地运用这本图画书呢?

教师:王广泽,这本书讲的是母鸡萝丝在农场中散步,想一想,萝丝还可能在哪里散步?

王广泽:(眼睛轱辘轱辘地转动着,思索一会儿)要……萝丝在欢动世界里散步?

教师:欢动世界?就是游乐场啊,你很喜欢在那里玩吗?可是在游乐场里母鸡萝丝和狐狸又能发生什么有趣的故事呢?

王广泽:(略作思索,马上兴奋了起来)对了,就拼摆母鸡在前面走,走到滑梯那里,正好小朋友滑下来,一下子把狐狸踢到一边去了……

看到王广泽很快有了这么好的想法,自己很为幼儿的想象力和创造力感到高

兴,就请王广泽按照自己的想法开始拼摆。

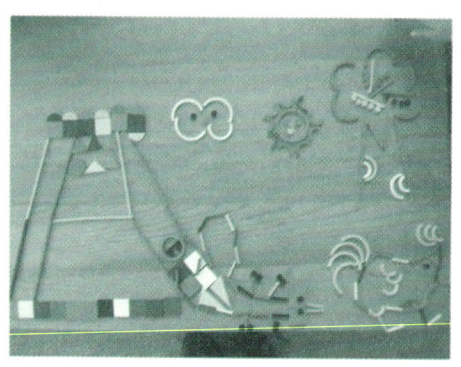

图 3-16

最终呈现的作品展示了王广泽小朋友较高的拼图水平和想象水平。像母鸡、狐狸这种不规则的形象,他采用了最短的小木条连接的形式,生动、细致地刻画出了形象特点——昂首挺胸的母鸡和趴倒在地的狐狸。作品在构图上分布合理、匀称,特别是小朋友滑下滑梯踢到狐狸这部分的表现有一定的遮挡关系——小朋友的双腿与狐狸身体的接触,表现得很形象。最后在整个布局上,王广泽小朋友能听取教师的意见,增添大树、云朵、太阳等元素,既丰富了画面内容,又展现了幼儿那颗细致观察、灵活表现的童心。

活动区讲评时,我们分享了王广泽小朋友的经验,后来幼儿用拼图的形式继续创作了一系列母鸡萝丝在游乐场散步的故事,这些故事虽然源自图画书《母鸡萝丝去散步》,但其中的内容却是贴近幼儿自己的生活和经验,是他们独特的表达。由此,幼儿打开了智慧的闸门,创造与想象的火花不断迸发,我们看到了一幅幅灵动的画面。

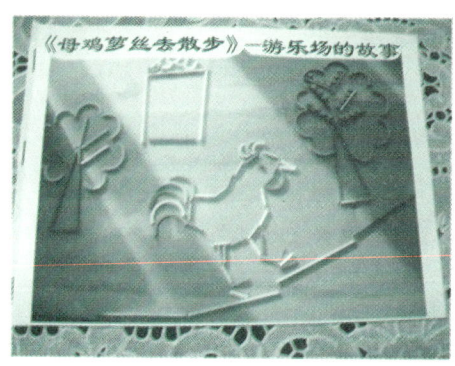

图 3-17 幼儿合作拼摆的新图书《母鸡萝丝去散步》——游乐场的故事

附故事内容：

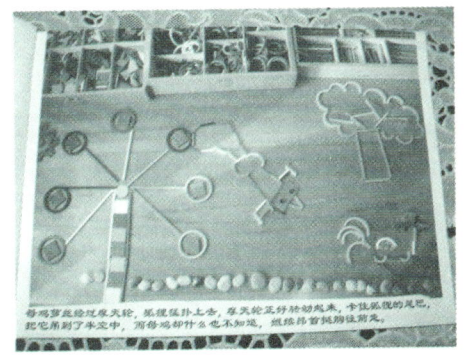

图 3-18

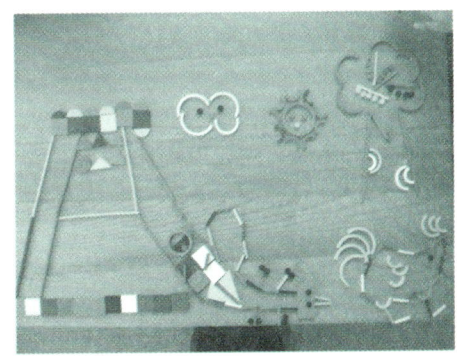

图 3-19

图 3-20

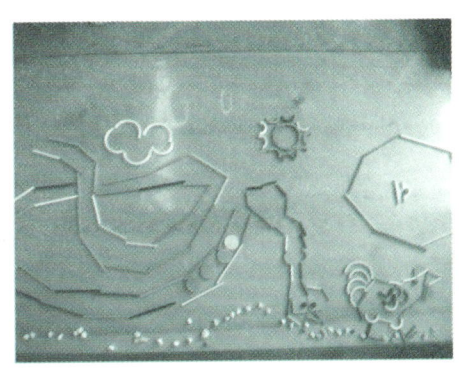

图 3-21

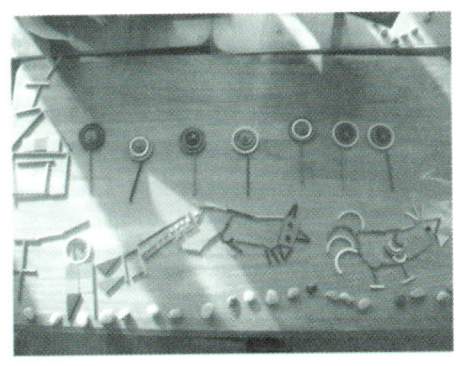

图 3-22

图 3-23

幼儿图画书的创作形式多样，内容丰富，表现了幼儿深厚的欣赏与创作表现的能力。幼儿的创作既忠实于图画书，同时又带有独特的个人经验，最终绘制出独具特色的各类新版《母鸡萝丝去散步》的幼儿图画书。

三、《勇气》——引发幼儿创作的灵感

图画书中的世界是幼儿现实生活中能够感知、经历和探究的丰富多彩的世界,尤其是当图画书中所表现的情境与幼儿的生活经历产生共鸣时,图画书则成了幼儿与内心沟通、对话的地方,为其情感体验、充实与孕育提供了源泉。如《真正的朋友》《幼儿园里的争吵》等绘本所描述的同伴间的情感世界,贴近幼儿心理,让幼儿置身于故事的矛盾冲突中,更好地理解故事,明白道理,并能有效迁移到现实生活中,学会解决同伴交往中的问题。

（一）图画书阅读引发的"勇气"问题

《勇气》是由美国作家伯纳德·韦伯（Bernard Waber）所撰文、绘图完成的一本图画书。它采撷生活中的小小片断,用优美的语言和生动的画面,教幼儿用勇气面对未知的下一刻:勇气是骑自行车不装辅助轮,是留下一根棒棒糖明天享用,是向陌生人问好,是勇于尝试不喜欢的蔬菜,是坚持自己的梦想,努力实现,是宽容别人的错误,重新再来……书中对"勇气"的阐述可以说是多种多样的,概括起来大体可以分为:勇于挑战、勇于承担责任、克制欲望、坚守信念、主动与宽容等。全书就像一首散文诗,语言优美、朗朗上口,画面鲜活、风趣幽默,很容易让幼儿产生阅读的快乐。

勇气是每个人人生轨迹中必不可少的品质,无论做什么事情,都需要勇气:勇于大胆尝试新事物、勇于承认错误并改正、遇到困难坚忍不拔等。因而勇气是成功的重要因素之一。对于幼儿来说,"勇气"的表现更是随处可见:跌倒了能主动爬起来,大胆表达自己的想法或建议,勇于在集体面前展示自己的本领,遇到困难时能主动求助或坚持探究等。然而现实生活中,由于成人的过度保护、迁就和替代,不敢尝试有挑战性的活动；由于习惯了来自成人的表扬,心理承受能力弱,不能接受批评；因怕拒绝而不敢提出想要加入同伴游戏的请求；因怕失败或被同伴取笑,不敢承认自己的错误等。这些在一定程度上影响了幼儿的健康成长。

如何让幼儿在日常生活中感知、理解"什么是勇气""如何做就具有勇气",在自己的年纪已经看见的、可以明白的、能够恍然大悟的生活细节中积累对勇气的认识,具有很强的实际教育意义。为此我们与幼儿一起阅读了这本《勇气》。

（二）在有意义的互动对话中展开阅读

阅读是幼儿、教师、图画书之间对话的过程，因此，我们非常重视幼儿在阅读过程中的主体性，重视幼儿的独特感受和体验。教师作为阅读活动的组织者、幼儿阅读的促进者和阅读中的对话者之一，应帮助幼儿通过与图画书、同伴的交流，在阅读实践中有所感悟和思考。

1. 教师与图画书的对话

教师在反复阅读图画书的过程中发现该书对"勇气"的解读既贴近现实生活，又由浅入深地触及人的内心体验。如勇气是棒球比赛进入最后关头，能勇挑重任；勇气是爱它，却不摘它等。充满内心体验的生活事件，使人感受到勇气是一种心理品质，是一种需要融入智慧的行为表现，就连我们成人在阅读的时候都会发现自己的影子。但由于认知水平、生活经验、文化背景的差异，书中介绍的一些生活情境对于中国孩子来说理解起来有一定困难甚至不能理解，如去参加智力竞赛，题目是："罂"字怎么读；寄情人卡给你暗恋的她，还签上你自己的真名；是故意踩人行道的缝隙；是去参加一个生日晚会，你到得实在太早等。因此教师对这部分内容作了删改，选择了与幼儿生活经验、认知水平相适宜的内容引导幼儿阅读，旨在帮助幼儿结合具体的生活事件感知"勇气"的存在和多种表现形式，对比发现自己缺乏"勇气"的表现，最终学会有"勇气"地面对、解决自己遇到的问题。

2. 教师与幼儿的对话

为了解幼儿对勇气的感知经验，阅读前教师通过谈话的方式，请幼儿结合已有的生活经验说说自己对"勇气"的理解，并用绘画的方式进行了表征。之后教师从中分析到幼儿对"勇气"的理解比较肤浅，较多等同于"勇敢"，而且注重外显的表现。如打针时不哭，就是有勇气；解放军叔叔、警察叔叔不怕困难，很勇敢；很大方地在小朋友面前表演节目就是有勇气……幼儿将"勇气"与"勇敢"混淆，在一定程度上反映了幼儿的已有经验和认知水平，因此在阅读过程中，教师要帮助幼儿理解图画书呈现的"勇气"案例，并引发幼儿结合自己的生活经历主动联想，丰富"勇气"的情感体验。

3. 幼儿认知经验与图画书的对话

为促进幼儿主动发现和思考，教师鼓励其先自主阅读，结合生活经验初步感知

理解图画书中描述的"勇气"。结合问题"你都发现了哪些勇气的表现""哪些勇气是你以前没有发觉的",同伴间相互交流自己的发现和感受。依据对幼儿已有经验的分析,教师在幼儿不容易理解的地方,引发幼儿讨论,分享彼此的观点和感受。如对于"勇气,是你有两块糖,却能留下到第二天",起初幼儿的理解是舍不得全部吃掉,留下来第二天吃,与勇气没有关系。教师便改变问题情境引导其思考,如"虽然你很想吃掉这两块糖,但这样会对牙齿有害,那你该怎样做",幼儿较好地理解了"勇气"就是要"抵住诱惑""不去想它"等自我克制的行为。再如对"勇气是爱它,但不摘它"的理解,从先前的外在约束"花儿好看我不摘",发展为内心的自我约束,"对爱的东西,要保护它,不能伤害它"。通过对重点案例的讨论、分析与表达,拓展了幼儿对勇气的认识和体验。

4. 幼儿生活经验与图画书的对话

鼓励幼儿看完图画书后将自己的感受和生活经验联系起来,加深对图画书的理解,是阅读指导中重要的环节和内容。为此,教师引导幼儿结合重点画面展开有意义的联想,深化对"勇气"的理解。如结合"勇气是你有两块糖"的画面,询问"生活中你都有勇气克制过自己,不做哪些事情";结合"勇气就是坚持自己的梦想",引导幼儿思考"你的梦想是什么,你都坚持做过什么,为什么";等等。在这一过程中,幼儿清楚、完整地叙述自己的生活体验,尤其是述说内心感受时,教师耐心地倾听,适时地给予肯定和赞许,不仅激发了幼儿的表达热情,更重要的是透过阅读使幼儿学习如何有勇气面对、解决自己遇到的问题。

(三)幼儿眼中的"勇气"

在经历了图画书、幼儿、教师之间的多重互动后,结合幼儿对"勇气"理解、践行的具体形象的特点,教师鼓励幼儿结合自己的理解,主动思考、解决获得"勇气"的方法或途径,并用图画的形式具体表征"我的勇气"。过程中教师注意引导幼儿用自己的语言清楚地表达,引发幼儿与同伴间的交流分享,促进相互学习和借鉴。

1. "勇气"就是大胆尝试

遇到问题不敢尝试,采用逃避的策略应对,是幼儿经常遇到的现实问题。如动手能力弱的幼儿在区域活动时较少选择美工区;动作缓慢、不协调的幼儿怯于选择

有难度的体育活动,甚至避而远之等。结合幼儿的自我表述,对比图画书中的具体案例,引导幼儿树立自信,主动向同伴、教师寻求帮助,坚持付出努力,不断积累成功经验。幼儿表征的《我学会跳绳了》《我是国旗下的好孩子》等作品,再现了幼儿解决问题的过程和成功后的喜悦。

图3-24 《我学会跳绳了》再现了幼儿勇于挑战和练习的情境

图3-25 《我是国旗下的好孩子》再现了幼儿在集体面前表达自己进步的地方

2."勇气"就是克制和宽容

幼儿在幼儿园集体生活中通过亲身体验、理解和践行逐步养成的社会行为规范,对于其良好同伴关系的建立有直接的影响。如有的幼儿缺乏自我约束的意识和能力,不能很好地遵守活动秩序,干扰同伴的活动;有的幼儿缺乏对同伴的理解和宽容,常出现告状或引发矛盾冲突等问题。我们结合图画书中相应的案例,帮助幼儿分析勇气就是克制的含义,及如何做到"克制"的有效方法;理解"勇气"蕴含着宽容,

图3-26 《安静入睡》中幼儿表征自己安静地躺着,克制着不和旁边的小朋友说话

图3-27 《我们都是好朋友》中宽容同伴的错误,并主动邀请同伴参与游戏

以及对别人待以宽容带来的积极体验等,帮助幼儿树立良好的自我认识和评价。幼儿表征的《安静入睡》《我们都是好朋友》等作品,反映了"勇气就是克制和宽容"具体形象的案例。

幼儿的阅读体验是与生活密切联系在一起的,而非为阅读而阅读,为体验而阅读。因此,当他们理解了什么是"勇气"后,如何获得"勇气"解决生活中面临的各种问题,是教师应该关注的问题。日常生活中教师应注意捕捉真实的案例与幼儿分享,引导其通过模仿、借鉴,并在解决问题的过程中体验"勇气"的智慧和力量。对比阅读前后幼儿的表征作品,我们明显地感受到了其中的变化。"勇气"不再是单一的"勇敢","勇气"需付出一定的努力和智慧;需要坚持和克制;需要主动、勇于承担。

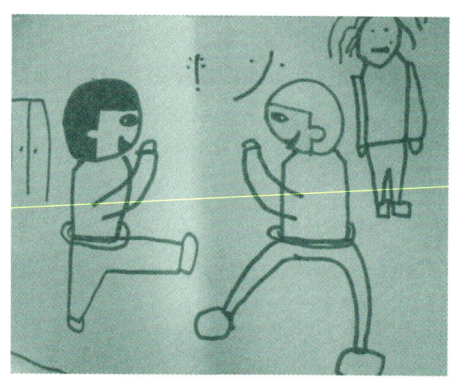 

图3-28 学跆拳道时摔倒了不怕痛,是有勇气　　图3-29 练习舞蹈压腿时不怕痛,也是有勇气

四、《我的连衣裙》——释放幼儿创作的潜能

图画书强调"以图解说故事",它的整体艺术设计至关重要。优秀的图画书要通过精心的艺术设计让文和图"说话",用不同的方式说话,用不同的方式来共同表现一个主题。一本能令幼儿着迷、沉浸其中的好书,在色彩运用、节奏展开、细节描写、外在形式的设计上,都会体现创作者的独具匠心,许多经典图画书的版式设计令我们印象深刻。

西卷茅子女士创作的《我的连衣裙》一书没有外在、奇特的版式设计,但是却借助图案和色彩的变化、结构的重复和画面的组织等特点鲜明的版式设计,为阅读者带去全新的感受,阅读者即便不识字仅依靠"读"画面,也可以读出大意。我们认为：幼儿对图画书的阅读，是对图画书整体版式设计风格的欣赏与解读，通过对图画书内容与形式的整体感受，从而不断增进对图画书内涵的深刻理解，进而迸发强烈的创作愿望。因此，在图画书的阅读过程中，我们关注并支持幼儿在自主阅读的基础上，充分感知、细致发现图画书在画面设计、结构组成等方面蕴含的"机巧"和"秘密"，激发幼儿借鉴图画书新颖的版式设计来创造性地表达自己的阅读体验。

为了让读者更好地理解新颖的版面设计对释放幼儿创作的潜能所发挥的独特作用，现以西卷茅子女士创作的图画书《我的连衣裙》为例，说明图画书新颖的版式设计对幼儿创作潜能的激发历程。

(一) 教师对图画书《我的连衣裙》的阅读欣赏与分析

看完《我的连衣裙》这本图书，一个词跃入脑海——"简单"。这是一本"简单"的书：简单明了的画面，简单而又熟悉的事物，简单重复的内容，向我们讲述了一件简单的事。也许正如作者西卷茅子女士所说："《我的连衣裙》也许以成年人的眼光来看算不上'好书'，因为它既没有生动的故事，也没有告诉孩子们人生道理，只是讲述了一只小白兔用天上掉下来的一块白布做了一条连衣裙，这条神奇的裙子会随着周围环境变化出不同花纹，不过它却深得小朋友的喜爱。"相比较情节跌宕起伏的图书，《我的连衣裙》更像一弯潺潺的溪水，让翻阅"她"的人，在不知不觉中品尝着淡淡的甘甜，感觉轻轻的、淡淡的却又无比舒适。我们在对这本经典图画书反复欣赏与阅读中，发现其在版式设计上凸显以下特点：

1. 这是一本简单的书

这本书的图画让幼儿觉得简单且好玩。小兔子，圆脑袋，三角形的连衣裙，都是再简单不过的线条和形状了，图画的颜色是单色，就像幼儿在纸上的信笔涂鸦。简简单单的笔触看似稚嫩，却能打动幼儿的心，为他们带来放松的心理体验，使其感觉特别轻松和亲切。

2. 这是一本隐藏"线索"的书

细心的幼儿在阅读的时候会发现，每一页总

图3-30

会在画面的一角留下对下一页新画面的提示"线索"（彩虹是"线索"）。这种线索是一种有趣的创作手法，我们称之为"顶针"。它就像一把钥匙一样，为幼儿带来丰富的想象和惊喜。观察细致的幼儿在阅读中通过这把"钥匙"，会大胆地猜测到小兔将要经历的新历程，从而获得一种意外的惊喜。

图3-31

3. 这是一本无声的"音乐书"

《我的连衣裙》的画面版式设计中蕴含着一种"节奏"，类似音乐里的三拍子节拍"123""123"……伴随着"123""123"……的节奏，小兔子又分别走在雨中、草丛，碰到了小鸟，她的裙子上也就相应地变出了所遇到的一切事物。

图3-32 小兔子穿着连衣裙　　　　图3-33 小兔子走进了花田

图3-34 小兔子的连衣裙上变出了花

《我的连衣裙》把三拍子的节奏作为图画书展开的手法，按照三拍子这样的排列方式，画面不断重复，相互紧密联系，遵循着同一种结构。而幼儿特别喜欢这种重复，期盼这种重复，这是一种无声的节拍，伴随着翻页的动作，幼儿便能够感受到书中传递的这种音乐般的旋律,产生一幅幅看下去的愿望,并预想接下来的场面,盼望着翻页,从而渐渐地接近故事的高潮。

《我的连衣裙》的独特、简洁的版式设计风格非常适宜低幼儿童阅读和创作,幼儿一定会喜欢。

(二)幼儿创作图画书《我的连衣裙》

正如我们所预见的,幼儿非常钟爱这本书。师幼在共读、欣赏图画书的过程中,幼儿紧紧盯着画面,仿佛自己变成了小兔子,穿上了会变魔术的连衣裙。图画书好玩且简单的版式设计为幼儿提供了丰富的想象空间,他们的创作愿望也因此被引发。

1. 对图画书简洁生动内容的欣赏,引发幼儿创作兴趣

教师采取引领阅读和幼儿自主阅读相结合的方式,着重引导幼儿观察图书画面的细节,如小兔身体的形状、小兔的典型动态和表情、小兔子走到新的地方以后所处的位置与周围景色的特点等。教师鼓励幼儿自由猜想小兔子的连衣裙会发生的新变化,引发了小班幼儿的创作兴趣。对图画书细节的分享又为小班幼儿的创作提供了有效支持,幼儿兴致盎然地表达着自己的想法。

教师:小兔子还会到哪里去?它的连衣裙又会发生什么变化呢?

幼儿:小兔子来到马路上,它看见马路上有那么多汽车,它的裙子就变成小汽车花样的了。

幼儿:小兔子跳到小河里,它跟小鱼们一起游泳,游来游去,裙子就变成小鱼儿花样的了。

幼儿:小兔子来到游乐场里玩,它跳到海洋球的大池子里,跳啊跳啊,它的裙子就变成海洋球花样的了,五颜六色的可真漂亮!

幼儿:小兔子飞到天上去,它看见了太阳公公。它跟太阳公公打个招呼。太阳公公,你好!它的裙子上就有许许多多的小太阳了!

幼儿:小兔子不会飞,它是怎么飞到天上去的呢?

幼儿:是许多白云围着它,把它带到天上去的!

……

幼儿的第一次创作——丰富的想象

图3-35 小兔子来到马路上,它看见马路上有那么多汽车,它的裙子就变成小汽车花样的了

图3-36 小兔子跳到小河里,它跟小鱼们一起游泳,游来游去,裙子就变成小鱼儿花样的了

图3-37 小兔子来到游乐场里玩,它跳到海洋球的大池子里,跳啊跳啊,它的裙子就变成海洋球花样的了,五颜六色的可真漂亮!

图3-38 小兔子来到花园里,花园里有五颜六色的花,小兔子的裙子就变成花朵花样的了

从幼儿的创作中我们看到,幼儿的想法有趣且多样,他们将自己的生活经验迁移到了图画书的情境中,使得小兔子的连衣裙产生了神奇的变化。在幼儿的自由创作过程中,个体经验得以共享。

2. 对图画书版面设计特点的分析,激发幼儿创作潜能

在第一次图画书的共读与创作中,幼儿的关注焦点是小兔子连衣裙一次一次奇妙的变化,并急于将自己的想法予以实现,我们尊重并顺应了小班幼儿的需求,为他们想象力的自主发挥提供了表现的机会。但是,我们同时也在思考:如何让幼儿在拥有创作兴趣的基础上,根据图画书版式设计的特点创作出他们喜欢的作品,加深其再创作过程中的成功体验呢？于是，我们将《我的连衣裙》投放到了班级阅读区中，鼓励幼儿反复阅读。我们相信，幼儿在与图画书的"亲密对话"中，一定可以自主发现图画书版面设计中蕴含的"小秘密"。

幼儿：老师，我发现一个小秘密，看前一页就知道小兔子会到哪里去了。

老师：是吗？给小朋友讲一讲你的发现吧。

幼儿打开书翻出小兔子穿着花朵的裙子那一页，书角有几滴雨滴，下一页也是下雨了。他又翻到下一页显示出穿着雨滴裙子的小兔子走到了麦田，周围变成了麦田。

老师：原来书里藏着这么有趣的小秘密，如果我们带着寻找小秘密的目的去读书，那一定会更有趣！

幼儿：我的小兔子没有小秘密……我的小兔子上也要画上小秘密，这样小朋友看小兔子连衣裙才会变得有意思！

幼儿通过持续的自主阅读，终于感知到了版式设计中蕴含的"线索"。我们欣喜地发现：幼儿对"线索"的发现，说明他们开始关注到图画书中画面之间的内在逻辑关系，因为只有将画面联系起来阅读，才找得出书中隐藏的"线索"。这恰恰说明幼儿会阅读了，并深深沉浸于"读"的快乐中。

幼儿的第二次创作——线索的提示

图 3-39 画面左上角"小河"的线索

图 3-40 画面右上角"花园"的线索

分析幼儿第二次创作作品,我们突然发现:第二次的创作不单是线索的丰富,他们将图画书中"123"的分体版式结构整合在了一起,呈现出了一幅画面。如图3-37中,小兔穿着含有"线索"的连衣裙,即将进入新的线索中。

"为什么第二次创作幼儿会把图画书的'123'的结构整合在了一起?整合式的创作说明了什么?"大家陷入思考。通过观察幼儿和互动分析,我们认识到:整合的画面恰恰是小班幼儿认知特点的表现。在阅读过程中,幼儿是整体感知小兔连衣裙变化的,他们对图画书版式设计有初步、粗浅的了解,但是经验是粗浅而混沌的。而《我的连衣裙》在版式设计上凸显的重要特点之一就是"线索"的串联。线索串联起画面,画面之间的有机联系反映出连衣裙变化的逻辑关系,小班幼儿在阅读中通过画面可以感知到这种联系,但是要将这种逻辑关系落实到创作中,对他们无疑是一项大挑战。

是否有必要引导小班幼儿依据图画书的逻辑设计进行创作?这样做是否符合幼儿的需要?我们做出了价值判断:继续创作对幼儿来说是有价值、有意义的!因为我们激发、鼓励幼儿创作的初衷,并不是为了获得一份《我的连衣裙》的翻版,而是期望借助"创作",能让幼儿自由想象,自主表达,在持续性的创作中不断增强对事物关注的细致性、发现问题的敏锐度,在创作中引发同伴之间有意义的沟通与互动。这些才是最重要的。于是,我们采取了支持策略:

☞教学策略1:在比较中发现事物的不同,感知变化的过程。

教师采取"对比"的方式,引导幼儿将第二次创作和原版图画书内容进行比较,观察其不同,以下是幼儿在比较过程中发现的一些不同。

幼儿1:书里前面有雨滴的小秘密,下一页就下雨了,它的裙子还没变雨滴,下一页才变成很多雨的!

幼儿2:小兔子穿着新裙子的时候,旁边是没有小秘密的。

幼儿3:书里面的小秘密不是框起来的……

☞教学策略2:发起幼儿相互联系,拓展幼儿创作经验。

在教师的引导下,幼儿关注到"123"结构的逻辑关系并开始理解小兔子的连衣裙的变化可以由多个伙伴一起完成。教师鼓励幼儿组成创作小组,通过参与、倾听

幼儿间的想法,提出建议,帮助幼儿之间建立起联系。

以下是教师与一个创作小组的互动实录。

教师:你们喜欢小兔子到哪些地方去呢?裙子会变成什么样?你们一起说说自己的想法。(教师鼓励幼儿之间相互交流)

李海硕:我们的小兔子走到马路上,看到很多车,裙子变成小汽车了。

孙乐琦:我想让小兔子到小河里游泳,有很多小鱼和它一起玩。

李海硕:小兔子不会游泳。

孙乐琦:我的小兔子是会游泳的。

乔恩斯:我要让小兔子到树林里,树林里有花,裙子可以变成大树和花的样子……

教师:你们的想法很有趣,小兔子一定会开心的。可是三个地方,小兔子会先到哪里?再去哪里?

孙乐琦:李海硕,你让小兔子看完马路上的小汽车就来小河游泳呀!

李海硕:好吧。正好它身上也脏了,马路上可脏了,我爸爸说有很多尾气。

教师:李海硕,小兔子没到花园之前它在哪里?连衣裙变成什么样了?

李海硕:它在马路上看汽车呀,它的连衣裙是小汽车的,我要画上很多车。

教师:琦琦,小兔子在小河里做什么呢?

孙乐琦:小兔和许多小鱼游泳,它们是好朋友,小鱼会保护小兔子。

教师:啊哈,会游泳的小兔子真是了不起。它穿着什么样的裙子在游泳呢?

孙乐琦:变成小鱼了?

乔恩斯:错了,不对,是小汽车的。书里的小兔子都是穿着原来的裙子才到别的地方。还有我怎么办?小兔什么时候到树林里啊?

孙乐琦:你跟在我后面不就行了,小兔子游完泳就可以去树林了。树林里有没有大灰狼啊?要是把小兔子吃掉怎么办?

乔恩斯:没有大灰狼。哈哈哈……

在师幼互动中,大家最终确定了图画书的画面结构:第一张要画小兔子穿着什么样的连衣裙和马上要去的新地方的"小秘密";第二张要画小兔子在新的地方做的

事情;第三张要画小兔子的连衣裙变成的新花样。

幼儿第三次创作——我们自己的《连衣裙》

第一创编小组

图3-41 封面

图3-42 小兔子的连衣裙变成小鱼花样了。小兔子还会到哪里去呢?

图3-43 小兔子穿着小汽车花样的裙子来到小河,它和小鱼做朋友一起在游泳,真开心!

图3-44 小兔子穿着小汽车花样的连衣裙还会到哪里去呢?

第二创编小组

图3-45 小兔子穿着小鱼连衣裙来到花园里。花园里的花可真漂亮。小兔子的连衣裙变成花朵样子的了!

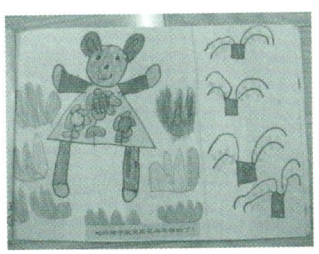

图3-46 小兔子还会到哪里去呢?小兔子走着走着,来到一片树林里

图3-47 小兔子的连衣裙上都是大树了!真是太奇怪了!

借助图画书版式设计特点产生的小组创作,有效帮助幼儿梳理了小兔子行进的"线索",进一步理解了"线索"对事物先后发展的关联性。幼儿原本个体的经验与同伴的发生联系,加以融合,形成了新经验,创作水平也得到了提升,幼儿在创作中体会到了乐趣和成功。也许,较之原版《我的连衣裙》,幼儿的创作并不完全相同,但是,这是他们自己的《小兔连衣裙》,我们深深感动于他们创作的无穷潜力!

第三节　图画书表演

在幼儿阅读图画书的过程中,他们的理解和感受是多样的,对图画书的表现和表达也是多元的,其中开展合作表演游戏再现图画书的内容是幼儿非常喜欢的方式之一。由于幼儿自觉的理性意识以及抽象概括能力不发达或不成熟,而感觉投入、动作参与、身体的直接体验则是他联结自我与外部世界的基本方式,"表演"可以将幼儿与图画联结起来,人人都成了画面的复活者、故事的创作者,此时,画面和儿童都在故事的世界中相融共生了。所以,在图画书阅读过程中,我们引导和鼓励幼儿将喜欢的图画书内容表演出来,支持幼儿表达对图画书的认识和情感。

一、引发表演的乐趣

图画书阅读是幼儿开展表演游戏的基础,幼儿只有对图书建立喜爱,对图书内容有深刻的理解,才能产生表演的兴趣,并与同伴合作开展生动的表演游戏。

在师幼共同阅读中,我们引导幼儿运用模仿、想象、游戏等体验式的阅读方法,借助绘本的画面连接幼儿的生活经验和想象,帮助幼儿理解图画书的内容,体验书中所传达的情感。如小班幼儿阅读《追追追》这本书时,我们设计了一个有趣的游戏——追追追,让幼儿模仿故事中的情节,逐个儿追前面的小伙伴,"我追,我追,我追追追,我追上……"游戏中,幼儿理解了"追"的含义,自然体会了故事内涵,为同伴互动表演故事奠定了基础。在小班"暖暖的春天"主题里,教师带着图画书《艾玛捉迷藏》,和幼儿一起到户外讲艾玛的故事,在花园、树丛里玩捉迷藏的游戏,加深了幼儿对故事内容的理解,体验到图画书中艾玛的快乐。

在师幼共同阅读中,教师的角色是丰富的,是幼儿阅读活动的引领者,是幼儿学习的伙伴,是"平等中的首席"。作为阅读活动的组织者,教师的阅读体验影响幼儿的阅读兴趣,乃至影响幼儿表演活动的开展。一个好的阅读活动应能激发幼儿的阅读期待,因此教师对图书的兴趣、观察、理解和分析影响着幼儿对图书的体验。松居直说:"只有对书中的内容产生共鸣、感动以及兴趣,并且是发自内心地讲给孩子听的时候,孩子们才能够更好地理解故事内容。"所以在阅读中教师运用语言和情感表达自己对读书的喜爱,会激发幼儿阅读的兴趣。同时,教师还要引导幼儿细致观察图书画面,通过了解图书的封面、环衬、扉页以及每一页的细节,运用开放性的提问鼓励幼儿大胆表达自己的观察与理解,从而为合作表演奠定基础。

二、搭建表演的舞台

表演游戏为幼儿创造了真实的交流情境,同伴间的讨论、协商,个人对作品的自由阐述与创造性表达使幼儿对表演充满了兴趣,幼儿通过在模拟的故事情境中扮演不同的角色表达阅读的体验。根据幼儿的年龄特点和兴趣需要,创设有意境的、丰富的游戏环境,会促使幼儿产生遐想,萌发参与表演的愿望。

在表演游戏情境的创设和材料的投放上,我们引导幼儿主动参与游戏场地和情境的创设,按游戏的需要摆放场景、道具,使幼儿成为游戏的主人。如在《城里的巨人》表演中,幼儿根据图画书中的巨人在不同地方遇见小狗、小羊、小兔等情节,自主摆放了

树林、草地、池塘、海边等不同的场景材料,为划分表演区域、开展合作表演提供了情境。不过,并不是每次表演都有现成的道具,有时幼儿会发挥想象以物代物,有时幼儿需要参与到道具的设计与准备中,自己动手运用半成品材料或废旧材料制作道具。如表演《女巫扫帚排排坐》中的女巫和小动物时,幼儿发现无法生动地表现女巫的魔力和小动物的形象,于是大家聚在一起讨论。有的说,"女巫要有魔棒、蝴蝶结、扫帚、煮汤的锅子";有的说,"要准备些褐色、黑色的塑料袋,披在小动物身上,表示掉到泥潭里了";还有的说,"要准备尖尖的帽子、披风、假的长鼻子,用来打扮女巫",幼儿的表达表现了他们对故事角色的深刻感知。他们积极主动地投入到准备活动中,用插塑拼插各种样式的魔棒;用彩色皱纹纸揉成蝴蝶结;用水粉、拼贴等方式表现尖尖帽子;到娃娃家找来披风、手套、蝴蝶结发卡等运用到表演中,使表演愈加生动和丰富。

随着幼儿对故事的深入理解,他们对情境的要求和道具的准备也越来越细致。如大班幼儿在表演《咕噜牛小妞妞》初期,很多道具都是运用以物代物的方式,但是经过反复阅读,幼儿对故事的内容、情节、人物的特点、图书的画面等观察、理解得越来越深刻,他们发现猫头鹰的树洞应该在树上,狐狸的家应该在树底下,并且缺少夜晚的月亮和"大老鼠"的影子。于是幼儿开始讨论分工,运用不同的方法细化道具的准备。有的回家和爸爸妈妈一起做,有的在幼儿园里和同伴一起做,有的找别的东西代替。再次表演时,幼儿利用了和爸爸妈妈一起做的猫头鹰的树洞和狐狸在树底下的家,用自己制作的翅膀扮演小翠鸟;一只手拿收集到的吸顶灯做月亮,另一只手拿手电筒在后面照亮,做月亮发光;用纸壳做"大老鼠"的影子等。幼儿准备的道具更加切合表演的需要,他们在共建游戏情境和游戏道具的过程中,感受到与同伴合

图3-48 幼儿自制表演道具

图3-49 幼儿创设表演情境合作表演

作表演的乐趣,获得了游戏的成功体验。

三、体验表演的快乐

图画书表演是幼儿以图画书为线索展开的游戏活动。每个幼儿对图画书都有着自己的理解,但是故事表演是同伴间共同合作的游戏过程,因此幼儿个体对故事的理解,要通过与游戏小组讨论协商后对作品达成一致的理解,才能开展共同表演。在这个过程中,教师成为幼儿游戏的支持者、引导者和参与者,表演的过程成为幼儿与幼儿之间、教师与幼儿之间发生的互惠共生的过程。

1. 细致阅读图画书,丰富表演内容

幼儿在表演初期,由于阅读理解水平比较粗浅,往往只关注故事情节发展的再现,表演内容不丰富,处于一般性表演的水平。教师分析图画书表演不同于一般的故事表演,它是用图画来描述事物的,是同时诉诸幼儿听觉和视觉的一种艺术形式。"不需要文字,图画就可以讲故事",幼儿能够通过观察、阅读图画来理解故事内容,所以,教师引导幼儿不断阅读图画书,细致观察画面人物的神情、动作,分析讨论人物的对话、心理活动等,增强幼儿对图书内容的理解,从而促进幼儿表演水平的提升。

如幼儿在初期表演故事《咕噜牛小妞妞》时,仅仅是简单的一问一答式的对话,语气、语调缺乏变化,对角色对话和角色的心理变化理解得都不透彻。于是教师与幼儿多次捧起图画书,细致观察小妞妞的表情变化,并有了新的发现。原来小妞妞的表情是那么丰富、多变:倾听爸爸说话时的渴望—爸爸记不清时的失望—偷偷外出,暗自得意—遇见痕迹的疑惑—询问时的怀疑和扫兴—见到"大老鼠"时的惊讶、害怕—冒险结束回到家中和爸爸在一起的安然等。

幼儿通过观察小妞妞前后的表情、心理变化,与教师、同伴共同讨论:她为什么会这样?可以用什么样的语言和动作表现她这时的心情?幼儿在阅读理解故事原文的基础上,自然地将叙述心情的语句和表达心情的动作融入到了表演中。对小妞妞的关注也引发了幼儿对其他角色表情、动作以及人物周围的环境、道具的观察,有了这些经验,幼儿的表演更加流畅。

图 3-50　　　　　图 3-51　　　　　图 3-52　　　　　图 3-53

2. 运用声音的表现力，促进生动表演

许多时候，幼儿在表演中演着演着就不感兴趣了。通过分析讨论，幼儿发现原因在于扮演角色时，不能根据故事中的人物特点、情节发展在声音和语气上有所变化，因此表演平淡，不能吸引人。于是我们让幼儿学习声音的表演技巧，引导幼儿理解声音是有表情的，不同的声音传递着不同的信息，声音实质上就是语气、语调、语速的变化所表达的人物不同的情绪、情感，音色的区别代表人物不同的形象特征。

中班幼儿表演《彩虹色的花》时，教师引导幼儿练习扮演同一朵彩虹色的花，用昂头的动作、较高的音高、较快的语速及向上的语调表达快乐、欣喜的情绪；用较低的音高、较慢的语速及向下的语调表达沮丧、失望的情绪。幼儿将这些经验迁移到表演中，尝试运用适宜的语气、语速、语调进行表达。如太阳看见彩虹色的花，用惊奇的声音问："你是谁呀？"彩虹色的花愉快地说："我是彩虹色的花，真高兴见到你！"再如运用轻小、粗重的声音表现小蚂蚁和小刺猬等。幼儿掌握了使用不同音色表现人物形象的能力，增强了语言的表现力，表演游戏愈发生动。

3. 创新语言和情节，使表演更加流畅

适宜表演的图画书情节生动，贴近幼儿的生活，语言简短精练如诗一般，节奏优美像儿歌一样，因此能引发幼儿的表演兴趣。但是表演游戏是同伴互动的游戏，具有交往、合作的特点，因此并不是图画书中所有的情节和语言都适合进行表演。

如图画书《彩虹色的花》中，文学性的语言很多，也有许多优美的富有意境的独白语言，但是这些语言在表演过程中并不能为幼儿提供交往的机会和条件，因此幼儿初期的表演生硬、干涩，不能关注到同伴的需要，自顾自的表演现象较多。如在表演"彩虹色的花枯萎至小动物们看到彩虹"的部分时，图画书中没有一点角色的语言和对话，幼儿直接用独白的方式讲述图画书中的陈述性语言，角色间缺乏联系，导致

表演兴趣降低。于是教师与幼儿共同讨论："大风吹来了,吹得彩虹色的花抬不起头来。彩虹色的花会说些什么?"有的幼儿说,"风太大了,我都抬不起头来了";有的说,"风吹得我真难受,我的腰都要断了"……教师追问:"表演时彩虹色的花怎样才能知道风吹来了呢?"幼儿说:"那就找个小朋友当风吧。"幼儿自然地将图画书中的独白加入到风的角色对话中,于是产生了"风"的角色表演。通过师幼的互动讨论,教师倾听幼儿的表达,适时适当地进行评价和提升,幼儿又增加了雪和小鸟发现、呼唤伙伴来看彩虹的角色和情节,使表演的过程更加流畅、自然,幼儿也充分体验到创造性表演的乐趣。

4. 在分享评析中促进经验共享

幼儿表演的过程其实是幼儿和幼儿、幼儿和文本之间相互对话的过程。幼儿可以将自己的感受、思想与行动、知识与经验展现出来相互沟通和共享,从中激活、生成乃至升华体验。但是受个人经验和表演水平的影响,幼儿需要在和教师、同伴的互动讨论中,分享彼此的思考、经验和知识,交流彼此的情感、体验和技能,从而促进相互间的学习和提升。

如表演《彩虹色的花》时,幼儿表演的小动物动作单一、活动匮乏,小鸟总是飞,小刺猬就是爬,小蜥蜴、小老鼠也是同样的尖尖嘴,走来走去。于是教师引导幼儿思考:这些小动物走起来、跑起来有什么不同? 在故事中它们都可以做些什么有趣的事情? 幼儿迫不及待地表达自己的想法,并且用不同的动作表现自己的经验。有的表现小鸟飞来飞去、捉虫子、找食物,有的表现小鸟在地上跳来跳去,在大树上梳理羽毛;有的表现小老鼠走起路来东瞧西瞧、跑跑停停,而有的表现小老鼠和小蜥蜴拉手做游戏;有的表现小刺猬背果子,有的蜷缩身体做出小刺猬翻滚游戏的有趣情节。通过同伴的相互分享,幼儿的表演经验不断丰富,表演也更加活泼和生动了。

5. 示范性表演提升表演水平

在幼儿的表演过程中,我们发现幼儿的表演水平具有差异性,对故事的理解、再现和创造的能力也有很大不同,因此教师还会通过引导幼儿欣赏和观摩教师、同伴间的表演来提升幼儿的表演水平。

如表演《咕噜牛小妞妞》中小妞妞遇到猫头鹰的情节时,幼儿一般只是指着对方

说:"你的尾巴短得很,嘴边没有胡子,一根也没有。"角色间的互动简单、不生动。于是教师进行示范表演,在表情和语气上表现出奇怪的样子,在动作表现上首先围着猫头鹰转了一圈,然后左右打量它的身体,并分别指着猫头鹰的尾巴和嘴表现不同的对话。幼儿发现这样的表演更能表现出小妞妞疑惑的心理活动,于是在观察和模仿中不断尝试,并将表演经验迁移至新的角色中,对人物的表现更加深刻。此外,一些幼儿扮演的小妞妞与蛇、猫头鹰、狐狸的交往,仅仅是简单的你出来、我进去的模式。而教师发现有些幼儿创造性地迁移角色游戏中的经验,结合情节需要自主准备了场景和道具,于是教师请幼儿分享表现他们的表演:狐狸要请小老鼠吃饭,在家里准备碗盘和食物;蛇要请小老鼠喝茶,先在家里泡茶……个别幼儿的表演丰富了幼儿的体验,他们在借鉴的基础上更加自主和创新,表演水平得到不断提升。

但是,在表演游戏分享中,教师要理解每一个幼儿的表演都具有自己的独特性,注意观察每一位幼儿的表现,避免单纯的模仿、千人一面的表演模式,应更多地关注幼儿游戏过程中良好的行为和活动中付出的努力,注意到幼儿的点滴进步,及时地给予赞赏和鼓励,帮助幼儿树立良好的自我形象。教师要积极引导幼儿建立平等融洽的同伴关系,引导幼儿互学互爱,为幼儿提供在表演中游戏、表达情感、促进自信、同伴交往的空间,使幼儿体验游戏的乐趣,促进幼儿主体性的发挥。

幼儿表演是图画书阅读的重要途径,一本好书未必能找到最完美的解释,也未必能回答幼儿的疑问,但它能提供一个"体会的过程",让幼儿学会打开情感的出口和入口,因为他们正在用动作、语言、神态、心理活动丰富画面,表达自己对阅读的理解。表演游戏中,通过教师科学的引导,不断的欣赏、分析、练习,幼儿的自主性与创造性得到了发挥,他们积极主动地参与活动,驰骋在创作的天地里,享受游戏的乐趣,促进了身心和谐全面的发展。

主 审 点 评

图书馆课程资源库的开发是从幼儿出发、为了幼儿发展的。青岛市实验幼儿园在实践反思的基础上,提出了利用图画书进行早期阅读的"三步骤"模式,即深入分析图画书特点与教育价值、寻找图画书与幼儿生活的连结点、支持幼儿多样化的体验或表征方式。这些步骤更多地从幼儿的角度来看待图书馆课程资源建设问题。

着眼于幼儿兴趣和需要的图书馆课程资源利用充分考虑到幼儿的现实兴趣和需要。相信结合该模式呈现的策略将为实践工作者带来反思,当我们学会从生活体验、艺术风格、问题情境和版面设计呈现出已经开发的课程案例时,我们发现,这些课程资源是提供给幼儿自我构建的,其中渗透着教师的实践智慧和幼儿的创造灵性,这时的图书馆课程资源也早已超越了图画书本身,超越了早期阅读,超越了说教式的教育。

> 第四章　开放课程中的书屋故事

松居直先生说过:"让孩子喜欢阅读就是给孩子的一生播下幸福的种子。"播撒种子的人就是父母与教师。教师作为专业的教育者,应该在早期阅读的研究和指导方面起到引领和推动的作用。

第一节　教师阅读故事

为了使教师了解图画书的结构、图画与文字的关系,把握分析画面情节的内在联系、潜在节奏、隐藏的细节和独特的艺术风格等要领,我们采用团队互动的方式,以提升教师阅读图画书的专业素养,帮助教师学习鉴赏不同风格的图画书,学习挖掘阅读中多方面的价值,在不断丰富自身对图画书的理解和体验的基础上,激发幼儿的阅读兴趣,提升幼儿的阅读经验,促进他们观察、理解和表达能力的提高,从而帮助幼儿开启图画书世界的大门,不断体验阅读的乐趣。

一、读书沙龙

为提升教师对图画书的鉴赏能力,更好地发挥图画书对幼儿发展的作用,我们开展了"读书沙龙"活动。如学习松居直的《我的图画书论》《幸福的种子》,彭懿的《世界图画书阅读与经典》等早期阅读方面的图书。通过学习,我们明确了图画书的意义,即图画书是用图画与文字共同叙述一个完整的故事,是图文合奏的。在图画书里,图画不再是文字的附庸,而是图书的生命,"不需要文字,图画就可以讲故事",这是图画书的一个典型特点。掌握了图画书的典型特征,那么在挑选图画书时就不要先读文字,而应先读图画,因为仅通过图画就能感觉到表达的意思才是好的图画书。

在"图画书鉴赏"活动中,教师围绕"让幼儿在图画书的阅读中体验乐趣""关注图画书图画语言的意义"等畅谈自己的体验和感受,增强了对图画书的理性思考和认识。

1. 鉴赏封面,引发幼儿阅读的兴趣

拿起一本图画书,首先映入眼帘的就是封面。培利·诺德曼在《阅读儿童文学的乐趣》一书中说,封面是我们对书进行预测的最重要的来源。哪怕是一个幼儿,也可以从图画书的封面猜出这本书可能讲述的故事。教师们发现大部分图画书的封面取自书里面的某一幅画,而这幅画往往是这本书的精华所在。也有一部分图画书的封面是根据图画书的内容而单独创作的。

阅读心理学上有个名词叫"阅读期待",封面就是唤起一个读者阅读期待的重要途径,在这种心理条件下读者会产生强烈的阅读效果。可见,理解封面的设计意图和情节之间的关系是我们鉴赏图书的第一步。我们在鉴赏《城里最漂亮的巨人》时发现,封面、封底是一整幅画,虽然没有关于故事的任何文字,但仔细观察这幅画会发现非常有意思。画面中首先吸引视线的是中间那一双巨大的腿和脚,那样的巨大,毫无疑问是个巨人,让人禁不住想:他的身子和脑袋是不是直入云霄?他的脸长什么样?为什么说他是城里最漂亮的巨人?周围的小老鼠、狐狸、山羊、狗、长颈鹿等动物的眼神不管是高兴、感激,还是愤怒、漠视,都像箭头一样,全投向中间的巨

人。于是,我们知道,这肯定是一个关于巨人与小动物的故事。教师可以在引领幼儿阅读正文之前,以类似"巨人与小动物们之间会发生什么"这样的问题引导幼儿产生阅读期待,帮助幼儿理解这本书的主要信息,把握书的主旨。

2. 关注环衬,获取图画书潜在的信息

我们在分析图画书的结构时,发现"环衬"最容易被读者忽视,一般都是匆匆翻过,或者干脆与扉页连在一起一翻而过。我们将环衬和封面、正文内容进行对照,发现它的设计不是空穴来风,而是蕴含了作者和编辑独运匠心的思考和设计。在鉴赏中,我们发现环衬多与正文的故事息息相关,能较好地帮助幼儿理解故事主题。如《棕熊棕熊,你在看什么》中,环衬采用棕、红、蓝、橙等彩条,幼儿通过认读色彩名称,为下一步观察描述各种不同色彩的动物奠定了基础。在阅读完全书后幼儿再次阅读环衬时,原本的彩条被幼儿描述为"棕色的熊、红色的鸟、蓝色的大马",这正是将阅读后的经验与环衬再次联系,赋予了新的意义。

3. 观察扉页,把握阅读的起点

扉页是正文之前的一页。在鉴赏中,教师们发现扉页上面一般有书名、作者、译者、出版社名称等文字信息。除此之外,扉页上还有一些图画,这些图画中包含的信息也是极其重要的。

有些扉页上的图画会讲故事,如在《猜猜我有多爱你》的扉页上,我们可以看到三幅充满动感的小图:小兔子揪着大兔子的耳朵,同时大兔子背着小兔子扬起了后腿、准备起跳、猛地一窜。这一跳,就跳到了后面的正文里……从这些互动里,我们就可以读出书中大兔子和小兔子之间浓浓的爱。有些扉页上的图画里埋下一个悬念作为引子,引起幼儿阅读的兴趣,如大卫·香农的《大卫去上学》的扉页中一位穿着红色高跟鞋的女教师双手交叉、两脚呈外八字型站在讲台前面,尽管她的脸被切掉了,但我们从教师的姿态能体会到她是彻底地生气了,"淘气的大卫这回在学校又闯了什么祸呢?"还没开始看故事,幼儿可能就已经为大卫担心起来了,从而激发幼儿带着情感阅读。有些扉页上的图画隐藏着故事的情节和线索,能给幼儿在阅读后留有美好的回味,如佩特·哈群斯的《母鸡萝丝去散步》的扉页像一张阅读地图,在没读正文之前,我们可能并不明白作者的设计意图,但等读完整本书后,我们会发

现:原来扉页上的图画就是由母鸡萝丝散步经过的地点组成的,院子、池塘、干草堆、磨坊……一个都不少!扉页是正文的伏笔与暗示,为正文做好了铺垫与情境的营造。对扉页的鉴赏使我们学习把握好阅读的起点,以有效提升幼儿的阅读理解能力。

在鉴赏图画书的过程中,教师由先前的注重图书的文字、图书的道德思想等拓展到关注封面、封底的联系,图画的意义,环衬、扉页与图书内容的联系等图画书的细节;了解了图画书的多种创作和表现形式,从而努力地去寻求作者创作的思想所在,有效提升了教师分析读本、把握读本主旨的能力。

二、互动研究

教师的鉴赏最重要的是落脚到对幼儿的阅读指导上,因此我们阶段性地开展了"深读图画书,丰富教学智慧"的教研活动。活动中,我们始终坚持边阅读、边思考的原则,不断挖掘和理解图画向我们所传达的故事意义,把握作者读本设计的结构和精妙之处,以此来预设读本阅读指导策略。

1. 整体了解图书的线索,把握图画书蕴含的核心价值

教师要将图书的核心价值与幼儿的年龄、现实生活的需要和课程学习相结合,审视判断此读本适合哪个年龄段、哪些幼儿,通过读本可解决幼儿哪些需要,它对课程活动的推动和拓展可发挥什么作用等,以此将读本和幼儿生活建立起联系。

2. 将自己换位成幼儿,站在幼儿的角度阅读、思考、分析

幼儿喜欢这本书吗?喜欢这本书的哪些内容?这本书有什么特点能够吸引幼儿?书的内容能更多地带给幼儿些什么呢?例如,《蚂蚁和西瓜》中的小蚂蚁可爱、聪明,穿着小红靴,拿着小铲子。它们像人一样使用工具、找朋友、想办法,把好吃的东西带回家、做游戏。还有一些小蚂蚁的行为非常像我们的孩子,有淘气的、偷懒的,有会合作的,有力气大的,有聪明智慧的,更有一些滑稽的场面。最后聪明智慧的小蚂蚁,发扬了团结友爱坚持到底的精神,想出各种各样的办法,搬走大西瓜。对于幼儿来说,这本书充满了趣味和阅读的挑战性,肯定是他们所喜爱的读本。

3. 把握读本段落结构,为幼儿自主阅读提供支架

如图画书《第五个》讲述了五个小玩具候诊、看病和治愈的故事,画面以一个玩具进诊室、其余玩具候诊及治愈的玩具出诊室为一个情节段落,教师在鉴赏中把握住了这个结构,预设引领幼儿阅读两个情景段落,在帮助幼儿归纳阅读、讲述的方法后支持幼儿自主阅读,使幼儿能清晰地理解故事线索进行讲述;小班图画书《追追追》讲述了一群小动物一个跟一个首尾相接进行游戏的故事。图画书采用"翻翻看、找答案"的结构方式,让幼儿在翻阅、推测和验证中辨认不同动物的尾巴,了解故事线索。教师通过鉴赏发现,图书的第一页起到了至关重要的作用,作者把所有的小动物都展示了出来,便于幼儿整体观察、了解动物尾巴的特点,所以第一页应作为阅读的重点,让幼儿由易到难地辨认不同动物的尾巴,为幼儿阅读全书做好充分的铺垫,从而提升幼儿自主阅读和讲述的能力。

4. 注重解析读本的情感线索,推动幼儿的情感交流

我们发现,一些优秀的图画书大多倾向于情感的抒发。这一类图画书的情感线索极其鲜明,教师可以通过图画书情感与幼儿情感的"撞击",解决发展中幼儿的情绪情感问题。例如,《多咪和点点的信》中的多咪和点点是一对好朋友,故事以它们写信、读信为线索,呈现了它们互相表达想念、依照信的内容相约游戏等美好的情节。图画书能很好地唤起幼儿对同伴情绪情感的关注,引发幼儿主动交往、诉说心里话的动机。我们都知道,情感是一种体验,幼儿只听故事并不能很好地理解故事中的情感。只有真正感受到故事主人公的情绪,幼儿才能理解图画书的核心。所以,我们结合图画书预设了"给生病的小朋友写信""周末相约信""爱的甜甜话"等写信活动,让幼儿迁移"多咪和点点"的书信沟通方式,尝试利用简单符号有条理地表征自己的话语,真切地与同伴表达自己的需求、意愿和情绪情感等,让图画书的力量解决幼儿生活中的实际问题,建立起美好的情感。像这样的情感类图画书还有很多,例如,《不是我的错》《猜猜我有多爱你》《长大做个好爷爷》《我是霸王龙》《爱心树》《大脚丫跳芭蕾》《活了一百万次的猫》等等。

5. 捕捉有价值的信息,整合幼儿的学习经验

《蚂蚁和西瓜》这本书情感线索及知识线索并存。此书以"西瓜"为主题引出小

蚂蚁勤劳、智慧的情感线索,以及小蚂蚁分工、合作、使用工具的知识线索。幼儿在阅读中发现了分工、合作、工具解决问题的技能方法。这些小蚂蚁所掌握的技能与经验,正是幼儿所缺乏的。怎样才能将这些技能知识迁移到幼儿身上呢?教师结合大班幼儿的年龄特点,将图画书中小蚂蚁合作想办法、使用工具的知识技能迁移到幼儿的生活中,设计与图画书理念相融合的延伸活动,开展"盖房子""搬箱子"等活动,引导幼儿也像小蚂蚁一样,尝试想办法解决一个人解决不了的问题,把《蚂蚁和西瓜》中团结合作的精神自然地迁移到幼儿的生活中,引导幼儿在阅读图画书的过程中体验合作的力量。

第二节 图画书在主题活动中

借助适切主题核心价值的图画书引发、推进课程,拓展和延伸幼儿的主题经验,激发幼儿的阅读兴趣,培养幼儿的阅读习惯,是我园开放教育创造性实施课程的特色。

在课程实施中,图画书是课程教材的另一种形式,是课程内容的载体,也是课程实施的工具。丰富、经典的图书给课程实施注入了新的生命和活力,使幼儿的学习不断出现新的亮点。因此,我们在结合主题价值、目标和实施思路选择图书时,要做缜密的思考和判断,把握图画书与课程、幼儿的年龄特点、兴趣、需要的关系。

每个主题实施前,教师与幼儿共同收集与主题相关的图书,并开展图书鉴赏活动。这已经成为主题实施的重要环节。在不同的主题中,我们通过细致研究图书内容与核心目标的关系,分阶段投放图书,有效地推动了主题的实施。

一、依据主题内容选择图书

课程主题来源于幼儿的生活,选择贴近幼儿生活经验的图画书,对幼儿在主题中的发展具有特殊的意义。它有助于处在具体形象思维发展阶段的幼儿,在阅读时

运用生活经验帮助自己去理解阅读内容,引发共鸣,从而更好地理解图书内容。如小班"我爱我的小动物"主题选择了《谁的耳朵》《动物绝对不应该穿衣服》《谁的食物》;中班"我们的社区"主题选择了《静悄悄的夜晚》《大熊有个小麻烦》《忙忙碌碌镇》《警察局的一天》;大班"秋天来探访"主题选择了《秋天来了》《秋风飒飒》《秋》《风中的树叶》等形象鲜明、富有童趣、与主题密切相关的图书,力求以适宜的图画书引领和拓展幼儿的主题学习和探究。

二、根据主题编排图书

挖掘图画书与主题的内在联系,有效编排使用。主题实施前,师幼共同收集与主题相关的图书,分析图书内容与幼儿经验的联系性,依据主题发展循序渐进地利用图书推进主题进程。如小班"我能干"主题第一阶段"可爱的小脸"中,教师选择《脸,脸,各种各样的脸》作为切入点,引导幼儿观察五官的特点和不同表情五官的变化;第二阶段以《小手小脚》《我的身体》《凯文在大海中旅行》《小猫当当·洗澡澡,玩泡泡》等图书引导幼儿认识自己的身体,知道小手、小脚的本领,了解保护自己的简单常识;第三阶段以《我有一双小手》《我有一双小脚》《我会自己穿衣服》等图书激发幼儿学习自己的事情自己做,培养幼儿自我服务的意识。

中班主题"车"中,围绕核心目标分别利用《第一次发现丛书——车》《各种各样的车》等拓展幼儿对车的种类、结构的了解;利用《我想回家》《公共汽车》《小轿车》等图书开展创编故事活动,引发幼儿进一步理解车与人们生活的关系,拓展幼儿对多种交通工具的功能的认识;利用《公共汽车》《土豆小汽车》等图书丰富幼儿的乘车经验,学习基本的交通规则和安全常识;利用《太阳汽车城》《咕噜咕噜转》激发幼儿丰富的想象力,开展设计"未来的汽车"活动,有机整合了幼儿的图书经验与主题经验。

大班"我爱图书"主题中,结合主题推进和周核心目标选择了《风中的树叶》,使"美丽的秋天"主题自然过渡到"我爱图书"主题;图书《城里最漂亮的巨人》《妞妞的鹿角》引导幼儿在阅读理解的基础上仿编新的故事情节,激发了幼儿的想象力和创造力;图书《母鸡萝丝去散步》中富有特点的艺术表现风格引发了幼儿欣赏与创作的兴趣,使幼儿的阅读经验和主题经验得到了有机的整合与提升。

三、开放课程中的欣赏与创作

图画符合幼儿的审美倾向,这样的图画书幼儿才会爱看。所以,我们在选择图画书时还非常关注图画书的艺术表现形式、构图方式、形象特点、色彩等美术元素,从中挖掘符合幼儿审美情趣和艺术表达水平的图书,以促进幼儿在阅读中获取对艺术美的感受、理解和表达的经验。教师在选择图画书时,围绕"如何挖掘图书在艺术欣赏方面的教育价值""如何将图的形式美与文的内容美有机结合起来""如何选择典型画面,运用循序渐进的方式引导激发幼儿的创作热情"等开展了研讨,不仅提高了教师们利用图书开展欣赏与创作的兴趣,也促进了课程中幼儿对美的敏感和表现能力。如小班主题"小树叶"中,教师运用《落叶跳舞》设计了音乐游戏"扫落叶",激发幼儿感知、表现小树叶随风舞动的兴趣;中班主题"北风来了"中,教师运用《北风和太阳》引导幼儿观察其中"色块分割"的装饰手法,创作了自己喜欢的"北风"和"太阳",并将此经验迁移到了绘画活动"冬天里的活动"中,丰富了幼儿的表现手法;大班教师引导幼儿欣赏《小木匠学手艺》《小小虎头鞋》《神奇虎头帽》《除夕的故事》等图书,帮助幼儿感知了中国民间绘画形式的丰富与色彩艳丽等特点,幼儿在表现"秋天的树""美丽的瓶子""虎年吉祥物""年画"等艺术创作中,较好地表现出了对美的敏感和表现力。

另外,教师还创造性地运用图书《母鸡萝丝去散步》开展了美术创作《美丽的春天》,利用《金老爷买钟》开展了创作活动《我喜欢的钟表》,探讨了"对比观察、有序观察等欣赏图书美的有效策略""模仿—迁移—创作的活动程序""将欣赏创作与幼儿生活有机联系""提取典型美术表现元素,丰富幼儿表现手段"等问题,不仅深度挖掘了图书的教育价值,也使幼儿对图书的阅读由单纯对"文"的理解拓展到对"图"的表现力的理解。

四、小书展

幼儿园里的小朋友也能开书展?小朋友的书展会是什么样子的呢?听似不可思议的事情在青岛市实验幼儿园却是一项确确实实的活动,这项活动正是来源于主

题活动"我爱图书"。

"让阅读润泽儿童的心灵"一直是开放教育所倡导的阅读理念,我们认为幼儿有意义的阅读应该是在教师、家长的共同引领下开展的。自2009年"六一"节起我园设立了"阅读节",现在每年的"六一"节已成为我园幼儿、教师、家长的一件盛事——每当这个时候,园长会亲自把精心挑选的、适合不同年龄层次幼儿的图书赠送给幼儿。班级中,教师将围绕着这些图书开展分享阅读、图书漂流、图画书表演剧场等活动,并根据不同幼儿、家庭的图书阅读情况开展"故事大王""表演小明星""小作家""书香家庭"的评选活动,极大地激发了幼儿、家长的阅读兴趣。在日常活动中,教师也非常注意对幼儿阅读习惯的培养,主题活动实施的过程中,图书总是能够成为支持主题推进、促进幼儿自主学习的保障。

为更好地激发幼儿爱读书、会读书、愿意分享图书的良好阅读品质,大班主题活动"我爱图书"应运而生。本主题一共有四个核心活动,分别是"我喜欢的图书""创建班级图书馆""我是图书小作者""图书发布会"。其中,幼儿的"书展"贯穿在主题活动之中,并在最后一个核心"图书发布会"中得到全面的展示。

(一)活动发起——我们的"个人书展"

主题实施之初,幼儿带来了很多自己喜欢的图书与同伴分享,并由此创建了班级图书馆。教师在分析幼儿收集来的图书时发现,有几名幼儿的家庭藏书非常丰富,他们能够带来几十本精良的图书与同伴分享。于是,教师便为他们特设了"个人书展"分享活动。

1. 布置

教师开辟出开办"个人书展"的场所,具体的布置由幼儿自己完成。刚开始的时候,教师发现幼儿的摆放并没有计划性,只是将自己的图书"放在那儿"。但是小伙伴在参观的时候提了不少的意见,"××书摆放得不整齐,我们图书馆的书都是很整齐的","其实图书要分类放吧,这样看起来比较方便"……

在同伴的建议下,开办"个人书展"的小朋友不断调整自己图书的摆放位置,除了按大小、种类分类以外,还有的小朋友能够按照自己的喜欢程度进行排序,将特别希望同伴阅读的图书摆放在更加显眼的位置。

图 4-1　大一班"个人书展"环境创设

2. 阅读

"个人书展"的阅读比较灵活,幼儿在一天中的任何时刻都可以到书展进行阅读。同时结合幼儿的阅读需要,教师也会请开办书展的幼儿为同伴进行阅读推荐活动,由他们协助同伴进行阅读活动,在同伴分享和学习中更加丰富了图书的阅读形式。

3. 借阅

在幼儿园的阅读毕竟受到一日活动安排的影响,为了满足幼儿日益增长的阅读需要,结合"个人书展",我们也进行了"图书借阅"活动,利用每天离园接待之前的时间,由开办"个人书展"的幼儿担任图书管理员,接待班级幼儿的图书借阅,幼儿将自己喜欢的图书借回家,和家长一起阅读。为鼓励幼儿积极表达自己的阅读体会,教师也请家长协助,在与幼儿开展亲子阅读之余,共同绘制出(家长手写、幼儿符号表征)自己的阅读体会。

4. 家长图书交流窗口

在图书的借阅过程中,"个人书展"成为向家长进行宣传、展示的小窗口。在幼儿的借阅活动中,部分不太重视亲子阅读的家长了解到丰富的儿童图画书,对选择图书有困惑的家长通过这些"个人书展"也发现了更多的适合幼儿阅读的图书,感受到自己家庭为幼儿选书、藏书上的不足,从而提升了家长选书、阅读的水平,为家长的购书需要提供了支持,同时也激发了其他幼儿筹备、开办自己"个人书展"的兴趣。

5. 分享"我最喜欢的图书"

随着主题的不断推进,幼儿的阅读量不断增加,阅读、理解的能力也不断提高,

教师结合幼儿的需要,开展了"我最喜欢的图书"分享活动,幼儿们积极表达自己对图书的阅读感受,并用橡皮泥制作、拼摆、绘画、表征等多种形式再现自己最喜欢的图书,更加深化了幼儿的阅读体验。

教师及时阅读、分析幼儿的作品,发现幼儿对"喜欢"的定义还是比较宽泛的:有的幼儿喜欢图书中的一个角色,觉得它很有趣;有的幼儿喜欢图书的故事内容,觉得情节"很感人";有的幼儿喜欢图书的画面,"美极了";有的幼儿喜欢图书的样式,"翻开之后有一只立体的恐龙跳出来"……教师把幼儿表征、绘画的"我喜欢的图书"装订成册,并且把幼儿的语言表述并打印出来粘贴在下方,这不正是幼儿集体创作的一本图书吗?

当把幼儿的作品集《我喜欢的图书》摆放在书架上,他们自然地拿来翻看、阅读,还彼此交流着同伴对图书的感受、想法,就像是在阅读图书一样。此时,教师深刻地感受到——也许,放放手,提供一点支持,请幼儿自己来创作图书并不是一件遥不可及的事情。当教师把这个想法告诉幼儿,幼儿的反应非常积极:"老师,我们也能画图画书!"原来,幼儿也期盼着能成为"图书小作者",能真正将自己创作的图书在班级图书馆中展示出来!

(二)活动筹备——我是图书小作者

有了新的活动目标,幼儿马上行动起来,着手创作图书,开办自己的"书展"成为了他们的新目标。当然,幼儿的图书创作是在教师分层次、有目的地引导之下不断推进的。

层次1:并列单幅汇集仿编成书

幼儿在主题实施过程中通过集体活动阅读了《母鸡萝丝去散步》《妞妞的鹿角》《勇气》等比较经典的图书。在阅读之后,教师鼓励幼儿仿照作品的框架或某一个段落,调动自己的个人经验进行扩展想象,编出自己喜欢的内容,如"母鸡萝丝又去哪里散步了?狐狸又会怎样做?""妞妞还会生出什么奇怪的东西?又会给生活带来什么有趣的事?""你认为还有哪些事情代表了自己的勇气?"等等。通过集体的创作活动,幼儿发挥想象,仿编了新的故事内容,然后教师协助他们装订成册,并且将幼儿的故事讲述打印、粘贴,再添加上封面、封底、扉页,一本新的仿编图书就出现了。

层次 2：有逻辑关系的合作仿编成书

当幼儿集体阅读了《拍花萝》《十个土豆》《首先有一个苹果》等图书之后，他们发现，这些图书的内容是有逻辑关系的，比如：开始有十个土豆，不同的小动物取走土豆、利用土豆，土豆一个个递减，直到没有。这样的图书也给幼儿提供了仿编的框架，但是需要他们之间合作、协商、分工，比如：十个小朋友一组仿编新的《十个土豆》，他们要通过协商，分清楚每个人仿编的内容是取走第几个土豆，还剩几个，每个人创作完成之后再按顺序装订成书。

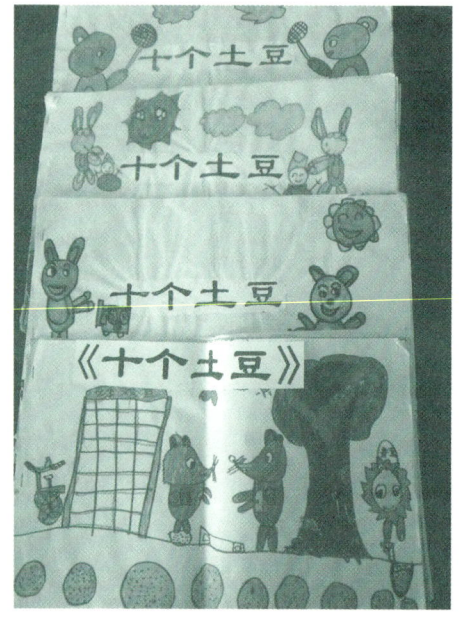

图 4-2　幼儿分组合作创作《十个土豆》(1)

图 4-3　幼儿分组合作创作《十个土豆》(2)

图 4-4　幼儿分组合作创作《十个土豆》(3)

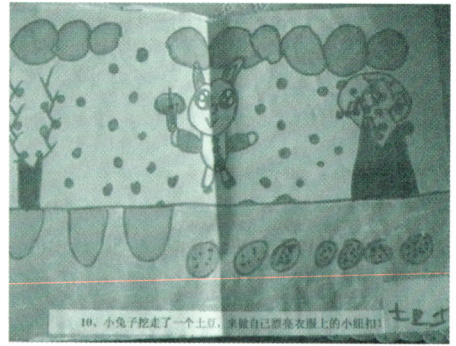

图 4-5　幼儿分组合作创作《十个土豆》(4)

层次 3：小组创编图书

集体的分享、仿编创作活动，帮助幼儿基本掌握了合作创作图书的方法，但是教师也发现幼儿创作的图书内容，虽然有自己的想象和个性化的表达，但是总是遵循原有作品的模式，因此教师采用与幼儿互动讨论、个别指导等方式引发幼儿跨越原有图书的内容框架，不断发挥创造力和想象力，创作出个性化的图书内容。于是，教师选择了多种类图书的欣赏和观察，帮助幼儿拓展了认识图画书的角度和创作的视野，大大丰富了幼儿创作的灵感，激发了幼儿运用多种不同的表现方式进行图书创作表现的兴趣。

如：教师在图书鉴赏会上阅读了《月光男孩》，感觉除了故事内容很生动，能够吸引幼儿之外，书的开本也很特别，两本书般的超长条形，采用竖翻的方法，正适合于从天空下降到地面的情节。版式单纯，文字和图画对照，而画页底色一律是象征天空的浅蓝色，处处可见作者的巧思。这本书特殊的开合方式和层次性的故事结构可以拓展幼儿图书创作的角度，因此适宜幼儿进行欣赏与创作。

图 4-6　图画书《月光男孩》

教师与幼儿共同阅读书的内容之后，便围绕书的内容和版式进行了交流互动。

教师：这本书翻看的方式与别的书有哪些不同？

幼儿1：别的书都是左右打开的，这本书是上下打开的。（开阖方式的不同）

教师：对书的色彩你有什么样的感受？

幼儿2：这本书的颜色都是蓝蓝的，有些地方有点灰灰的。

幼儿3：这本书的颜色感觉很舒服，很好看。（色彩的特点）

教师：《月光男孩》讲述了一个怎样的故事？

幼儿4：讲了月光男孩帮助月亮找朋友，最后找到了一面镜子。

教师：月光男孩找镜子的过程有什么特别的地方？

幼儿5：月光男孩是从月亮上一直往下的，穿过星星、云彩、飞机、鸟群，最后到了海湾里。（图书内容和绘画版式的特点）

通过教师和幼儿的互动赏析，幼儿在理解故事内容的基础上了解了图书的特点，于是教师抓住时机引导幼儿在活动区时间进行小组图书的创作。

于轶鳞、黄圣羽、秦瑞锐、董毅四个小朋友打算创作一本"像《月光男孩》一样好看的图书"。

因为《月光男孩》是由上至下的寻找过程，幼儿深刻体会到这一特点的优势，他们也想创作一个从上到下有层次的故事。

黄圣羽：我们画一个小老鼠钻地洞的故事吧？可以一直钻到地球中间。

秦瑞锐：可是地底下有什么？就是黑土，没意思。（幼儿缺少这方面的已有经验）

董毅：可以画飞机降落。

于轶鳞：不行不行，跟《月光男孩》重复了。（是呀，都是从天上到地下的过程）

董毅：画大海也可以呀，大海很深，我们海水浴场主题里也知道大海的事。（他们开始考虑自己所了解的合适内容）

黄圣羽：大海很深很深，海底还有很多好玩的东西。

秦瑞锐：是呀是呀，我们可以画大海的故事。

听到这里，教师适时地参与进来，激发幼儿的创作兴趣，帮助他们清晰创作的

思路。

教师：大海的故事很好，从海面到海底都有些什么东西？

黄圣羽：海面上有各种各样的轮船。

董毅：往下一点有些小鱼。

教师：哦，浅海里有小小的鱼。

于轶麟：再往下会有大一点的鱼，鲨鱼一般在深一点的海里。

秦瑞锐：在往下就能看到海底了，有珊瑚、海草呢。

教师：可是这些东西谁会发现呢？

秦瑞锐：潜水员吧，他从轮船上下来潜水到海底可以看到很多很多。

于轶麟：还有潜水艇，就像猫太坐的那个。

董毅：我喜欢画潜水员，不会画潜水艇。

教师：那我们可以再想想画面的颜色，海水的颜色都是一样的吗？

幼儿共同表示：不是不是，越往下海水的颜色越深……

讨论之后，这四个幼儿就相互分工，开始了自己的创作。

图4-7　图书创作案例《深深的海洋》(1)

图4-8　图书创作案例《深深的海洋》(2)

 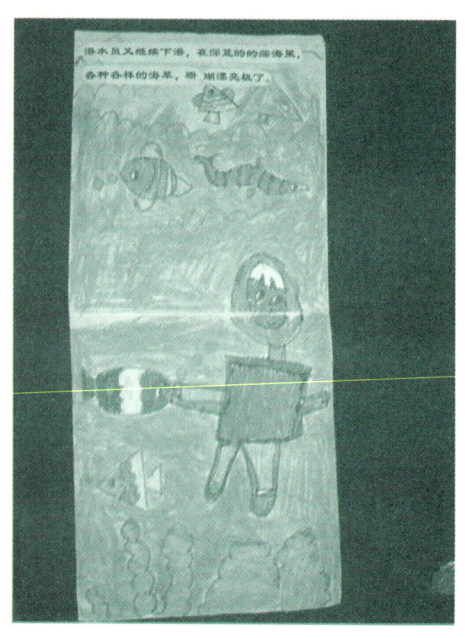

图 4-9　图书创作案例《深深的海洋》(3)　　　图 4-10　图书创作案例《深深的海洋》(4)

在图书创编过程中,幼儿采用小组合作协商、独立绘画创作的方式进行。小组成员首先共同商议要创编的内容和顺序,然后每个小朋友分工表现,最后装订成书。在这段学习过程中,无论是小组合作,或是幼儿独立绘制,幼儿的想象能力、和同伴的交流能力、与人合作的能力、动手操作的能力,以及幼儿的自信心等方面都得到了不同程度的发展。他们相互介绍自己制作的图书,还邀请其他小朋友一起共读,感受到成功的喜悦。

这时幼儿的图书创作已经不再满足于单一的模仿或简单的仿编,而是在原书基础上开展的创造性图书创作活动。幼儿创作的图书充分体现出对原书本身的深刻认识和理解,同时又是对原书的拓展和创造。幼儿创作的图书,既来源于已有的图画书,又高于原有的图画书,因为它是幼儿个性化的表现,是幼儿想象力和创造力的集中体现。

层次 4:独立、自主创作图书

图书阅读得越多,幼儿们发现其实好多的图书内容都来源于身边的事情,有时候,把我们身边的事情记录下来、表征出来,就是一本书。于是幼儿结合自己的生活、喜好开展了丰富多彩的自由创作活动。在图书创作中,每一名幼儿都体验到图书小作者的自豪感,他们发现原来"制作图书是那么有趣",乐此不疲地进行着多种形式的图书创作活动,涌现出大量的优秀作品。

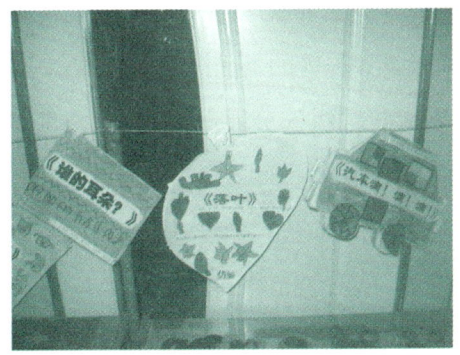
图4-11 幼儿创编的图书(1)

图4-12 幼儿创编的图书(2)

图4-13 幼儿创编的图书(3)

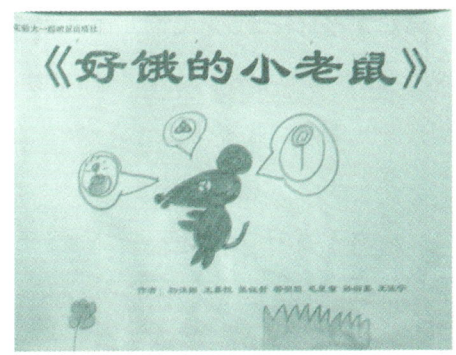
图4-14 幼儿创编的图书(4)

教师分析了幼儿创作的图书,有反映家庭生活的,因为家庭生活中的人和事是幼儿非常熟悉的,家人的相貌特征、有趣的家庭生活、美好的亲子游戏回忆等,都是图书制作的良好素材,如《我的星期天》。还有来源于幼儿的兴趣关注点的。比如自然界的事物和现象往往能引起幼儿的极大兴趣,他们对自然现象有自己的理解和想象,太阳、月亮、季节的更替、种子发芽都能在幼小的心灵萌发好奇的种子,图书能为他们对自然现象的理解提供最佳的展现平台,如《花开了》《快乐四季》等。

图书画面的呈现方式,是幼儿自制图书中的重要一环,其表现方式是多种多样的。最普通和常用的是绘画方式,绘画是幼儿最擅长并经常使用的。除此之外,还有更丰富的图书表现手段,如折纸添画、剪贴画、布贴画、水粉画、拼图、拒水画等。多样的表现手法让幼儿自制图画书更加精彩纷呈,让人爱不释手。如布贴画书《小老鼠吱吱找冬天》、折纸添画书《小狗踢球》等,这些不同的画面表现手法,使自制图书的形式更加丰富多彩。

图书的语言是一本书的灵魂,而幼儿的自制图书有其特殊性,在图书文字的设计上,它不可能像成人书籍那样具备高度的文字概括性和纯粹的书面语言表达方式,它应体现幼儿的真实想法及其年龄段特有的语言表达方式,并充分展现幼儿时期童言稚语的魅力。然而,这并不代表幼儿的自制图书可以随意表达,不做任何修饰,教师应起到一定的指导作用,在幼儿表达语言的基础上进行语法和句式的修正。这要求教师把握好合适的度,既不失幼儿语言中的童趣,又能起到一定的规范作用。

如《汽车滴滴滴》,主要是介绍不同汽车的功能,为了让文字更押韵,教师在尊重幼儿原有表述("越野车可以在很高的山坡上开,带着我们去野外郊游")的基础上,引导幼儿进行修改,变成了儿歌式的语句"越野车开来了!越野车,翻山越岭爬山坡"。教师的示范给予幼儿良好的启示,当幼儿介绍到卡车、吊车、油罐车时,也能运用这种儿歌的句式表达,使得整本书的一致性、完整性更强了。

层次5:亲子图书创作

松居直老先生在《幸福的种子》一书中提到,"家庭是幼儿阅读的主战场",在幼儿图书创作的过程中,我们把家长资源也纳入进来,请家长们拿起手中的笔与幼儿共同制作喜欢的书。家长们也充分发挥了自己的聪明才智,选取了很多贴近幼儿生活的素材进行创作,如一次旅游、一件生活中的小事,甚至是幼儿的一个梦,运用绘画等多种方式记录幼儿生活中的每一个美好片断和体验,使读书给更多的家庭带来快乐,让更多的家庭亲近读书、走进书香!

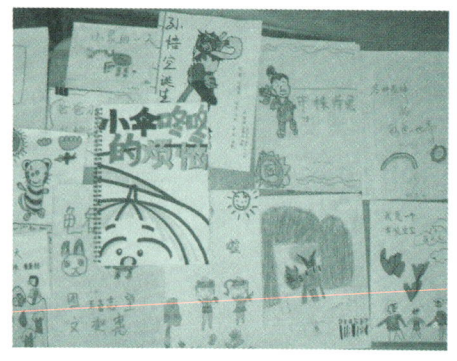

图4-15 亲子图书创作(1)

图4-16 亲子图书创作(2)

在仿编和创编图书的过程中,幼儿不断将自己新创作的图书丰富到"书展"当中,慢慢地,幼儿自己的书越来越多,内容、形式也越来越丰富。以大二班为例,经教师统计,幼儿在幼儿园集体合作创作的图书有15本、小组合作创作的22本、自主创作的20本、和家长一起亲子创作的有近40本,每一名幼儿都有属于自己的图书创作,每一名幼儿都是图书小作者。这些图书已经占满原来"个人书展"的位置,甚至都摆放到班级门口的作品展示区。

这时,幼儿想到:我们应该办一场我们自己的书展,全都是我们自己创作的图书!

(三)我们的书展——"图书发布会"

要开书展了,幼儿特别兴奋,他们围绕着几个话题展开讨论。

1. 请谁来参加我们的书展呢?

  子和:请爸爸妈妈来参加!

  宝儿:还有爷爷奶奶!

  嘉禾:还可以请别的班小朋友参加。

  乐乐:对呀,可以请弟弟妹妹们也来看看我们的书。

  丫丫:还有弟弟妹妹的爸爸妈妈也可以看我们的书。

——看来书展要面向我们幼儿园的所有小朋友和家长,规模挺大。

2. 确定时间,发出邀请!

怎样邀请家长、同伴来参加书展呢?小朋友们又积极地发表着自己的观点。

  多多:我们可以告诉爸爸妈妈哪天来不就行了。

  阳阳:可是中班、小班的弟弟妹妹不知道啊。

  涵涵:我们去告诉他们,让他们也告诉爸爸妈妈。

  嘉乐:可是弟弟妹妹小,会忘记的。

  子和:我们可以在大厅门口打个广告,告诉他们来参加。

  丫丫:这样爸爸妈妈接孩子的时候都能看见,不过我们得写清楚时间。

  宝儿:可是有的小朋友是爷爷奶奶接,他们看不清楚字。

  俊烨:我们可以向开"瓶子博览会"一样给弟弟妹妹发个邀请卡,上面写清

楚时间,让他们的爸爸妈妈看看。

交流讨论之后,教师结合幼儿讨论的情况帮助幼儿完成分组,有合作画广告画的,有画邀请卡的,还有到各班去发出邀请的。每一名幼儿都积极地参与到各项准备活动中。

3. 书展开在什么地方呢?

  俊烨:把我们教室里的桌子都摆起来,把我们的书都摆上。

  多多:那可不行,我们的桌子还要吃饭、吃水果用呢。

  诺诺:还是摆在我们门口的作品栏上吧,这样爸爸妈妈来接我们的时候就能看到。

  月月:可是弟弟妹妹太矮了,他们会看不见的。

  凡凡:我们的书很多,会摆不开的。

  成成:在一楼的大厅行不行?地方很大,弟弟妹妹也能看到,不用爬楼梯。

  凡凡:大厅不够还可以用二楼的小厅。

成成的提议得到了大家的赞同,但是具体怎样布置,幼儿表示还要实地观察一下。

4. 开办书展我们要准备些什么?

  宝儿:我们要把我们做的书全摆上。

  涵涵:需要桌子和橱子,可以摆放图书。

  小茹:我们做的泥工、拼摆作品也很好,也可以展示吧。

  果果:那可得多准备点桌子、橱子,要不然摆不开。

  月月:光让弟弟妹妹看是不是也不行,他们看不懂,我们还得给他们介绍介绍。

  菲菲:对!我们可以把自己做的都讲给他们听听。

幼儿进行了初步的讨论之后,教师协助提供了桌子、平衡木、大型积木等材料,他们便开始了书展的布置工作,因为有前期创建"班级图书馆"的经验,所以他们在摆放自己的图书的时候注意按照大小分类,大一点的躺在桌子上,小一点的可以倚着大型积木立起来,而且相同类型的图书,如仿编《母鸡萝丝去散步》并排摆放在一

起,比较有序。幼儿也把自己前期用泥工、拼插等形式创作的对图书阅读的感受和再现作品进行了展示。为了方便家长、弟弟妹妹的参观,他们还细心地提供了原版图书。

图 4-17 幼儿创设的书展现场(1)

图 4-18 幼儿创设的书展现场(2)

在布置书展时,幼儿也自主分工,每个人都负责一定区域的讲解、介绍,当弟弟妹妹、家长们来参观的时候,他们要把图书的名字、内容介绍给大家。

(四) 我们的书展开始了!

在紧锣密鼓的准备之后,幼儿园小朋友自己的书展终于开始了。我们首先请大班的家长走进教室,开展了"家长进课堂"活动。教师介绍了主题中幼儿利用图书开展欣赏与创作的活动情况,然后由幼儿带领自己的家长介绍我们的书展,结合参展作品进行讲解。家长们在参观并听取了幼儿的讲解、介绍后为之惊叹,他们没有想到幼儿能创作出如此内容丰富、形式多样的图书,并且在教师的引导和协助下成功地创办"书展",家长们深刻地感受到图书对幼儿发展的价值。

图 4-19 幼儿向家长介绍主题中图书的各类创作

图 4-20 带领家长阅读我们自己创作的图书

图4-21 中小班的弟弟妹妹对大班哥哥姐姐创作的图书也百看不厌!

(五) 写在结尾

在"我爱图书"主题中,一切活动都是从幼儿阅读图书开始的,但是教师并没有把目光仅仅局限在阅读图书上,而是以幼儿的兴趣为起点,以幼儿需要为核心,尊重幼儿阅读感受的表达,尊重幼儿个性化的学习需要。大量的图书阅读并没有使幼儿感到压力,而是借"个人书展"的开办,幼儿乐此不疲地浸润在阅读和创作之中,幼儿对图书的阅读和创作以及书展的召开充分体现出开放教育倡导的自主学习。

在主题中,幼儿与家长、教师、同伴都有积极的互动、协作关系,整个主题体现出师生、同伴及亲子智慧的结晶和亲密关系。

对于家长来说,他们通过主题活动的开展深刻认识到图画书对幼儿的重要意义,读书成为家庭的一种生活方式,读书成为一家人每天中最重要的事情,成为亲子的温馨时刻。

"我爱图书"的主题,是教师和幼儿共同学习、不断探索的旅程,它最终的教育目的是让幼儿和书籍成为终身的朋友,让书籍伴随幼儿快乐成长。在这个过程中受益最大的无疑是我们的孩子,他们既体验了阅读的乐趣,初步养成良好的阅读习惯,更尝试自己创作图书,体验成为"小作家"的自豪感。小小的书展,凝聚的是幼儿大大的智慧!

第三节　图画书在区域活动中

对于幼儿来说,图画书阅读不仅是用眼睛看的,而且还是与游戏、生活、学习产生直接联系的多种形式的阅读与再现的过程。结合主题实施的需要,教师们创造性地将图画书投放到不同的区域,如阅读区、表演区、美工区、科学区、建构区等,鼓励幼儿大胆运用图画书自主开展多种形式的再阅读与创作活动。不同性质的区域活动内容、形式为幼儿多元化的阅读理解与表达创设了适宜的空间和条件,满足了幼儿不同兴趣需要的表达。总之,幼儿的阅读自然有机地融入主题背景下的自主学习和游戏中,阅读才更具个性化、情境性和创造性。

一、阅读区的欣赏创作

阅读区中,教师阶段性地呈现并引导幼儿欣赏与主题相关的图画书,以丰富、拓展幼儿的主题经验。如中班"汽车"主题,在"主题新书推荐"橱中教师提供的汽车系列图书,有介绍不同种类、功能汽车的(《小小车迷》《汽车百科》等),有讲述汽车与人们生活关系的(《公共汽车的故事》《轱辘轱辘转》《乘公共汽车》等),幼儿根据自己的兴趣和需要有目的地选择阅读。在区域活动分享时,教师引导幼儿分享阅读的收获,激发其他幼儿阅读的兴趣和探究欲望。

在阅读欣赏基础上拓展幼儿的阅读经验和表达方式,是提升幼儿阅读兴趣和水平的重要途径。为此,教师经常引导幼儿将阅读经验与幼儿的已有经验、想象、需要进行有意义的连接,开展适宜的创作活动。如大班"生活中的数字"主题中,结合对图画书《拍花萝》的阅读,教师鼓励幼儿与同伴一边玩"拍手、击掌游戏",一边吟诵儿歌;在熟练朗诵儿歌,掌握其韵律和规律的基础上,教师又鼓励幼儿创作新的节奏与游戏词进行替换游戏,并启发幼儿及时表征记录与同伴分享。过程中幼儿对生活中数字的感知更加丰富,并且能创造性地运用语言节奏表达感兴趣的内容,真正感受到阅读的快乐。

图 4-22　在教师的帮助下幼儿将仿编表征的内容编辑成册,在班级幼儿间分享

图 4-23　幼儿合作仿编新的《拍花萝》韵律和儿歌,体验创作的乐趣(1)　　图 4-24　幼儿合作仿编新的《拍花萝》韵律和儿歌,体验创作的乐趣(2)

二、表演区的体验表达

  幼儿在欣赏图画书的基础上开展表演游戏,是对图画书兴趣的有益延伸,也是多维度深化对图画书艺术美感知和理解的过程。因为在表演的过程中,幼儿从表演场景的创设到角色选择,再到全身心感受、再现图画书内容和角色特点,在这样一个合作再现的过程中将丰富、拓展甚至超越对图画书本身的理解。

  为此,教师依据幼儿表演游戏的特点,对图画书进行细致分析和筛选。如图画书的故事情节具有一定戏剧性,语言丰富生动且有一定的规律性,角色特点鲜明,适合幼儿交往互动;画面能完整再现故事情节,角色神态、动作,甚至心理活动通过观察能够感知理解等,从而为幼儿的观察、理解、讲述故事,创造性地转化、表演故事提供支持。

在图画书故事表演中,幼儿积极准备表演道具、服饰;依据图画书画面和故事情节变换,合作布置表演场景;积极参与表演过程与评价;创造性地丰富角色语言和过渡环节、改编故事情节等,不仅加深了幼儿对图画书的理解,而且提高了幼儿细致观察分析、创造性思维以及合作学习的能力。如小班"冬天"主题中,表演图画书《大手套》时,依据图书经典画面,师幼一起找来圣诞树、雪花等物品布置表演的场地,再现大雪纷纷的户外场景;制作小兔子的雪橇、大灰狼的包袱等道具,增加了幼儿表演的兴趣;表演的过程中教师不拘泥于幼儿重复图画书中简短的文字,引导幼儿想象"小动物们在寒冷的雪地里,想要进入大手套取暖时"的语言,将幼儿的生活经验与表演故事有机地结合起来,丰富了故事角色之间的对话,幼儿的表演真切、自然,体验到爱与被爱的美好情感。在大班表演故事《老鼠嫁女》时,教师通过引导幼儿对图画书中蕴含的民间传统文化的感知,共同制作了花轿,选择了民间乐器钹、喇叭进行演奏等,为老鼠的女儿出嫁增添了表演的情趣。过程中引导幼儿理解鼠爸爸、鼠妈妈情感的变化(发愁—惊讶—得意—后悔莫及),生动再现了故事情节的发展,并在录像欣赏与评析中,提高了幼儿的分析和语言表达能力。

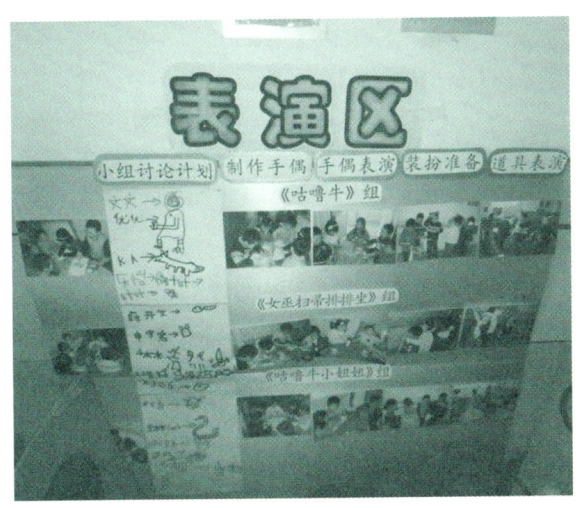

图4-25 幼儿与同伴共同商定表演内容,准备表演用具,制订表演的计划,并分工准备(1)

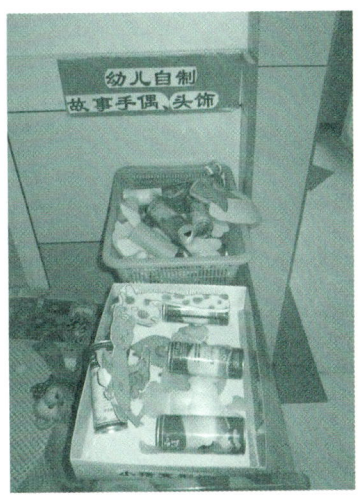

图4-26 幼儿与同伴共同商定表演内容,准备表演用具,制订表演的计划,并分工准备(2)

图4-27 幼儿运用自制的花轿表演,在音乐伴奏下表演

图4-28 幼儿在表演喜欢的故事《女巫扫帚排排坐》《老鼠嫁女》

三、美工区的临摹创作

图画书的画面是幼儿最早接触的绘画和艺术作品,幼儿阅读不同艺术表现形式图画书的过程,也是发现美、欣赏美的视觉体验过程。幼儿通过观察、模仿,充分感知图画书艺术美的多元表现形式,为其自由创作提供了借鉴和支持。

图4-29 在美工区教师提供了不同艺术表现形式的图画书供幼儿欣赏,如线描、水墨、折纸、泥工、布贴等

为使幼儿清晰、系统地感知图画书艺术表现特征,教师对当前图画书的艺术表现形式进行了简略概括,大体分为:不同绘画表现形式的图画书,如线描画、水墨画、油画等;运用色彩变化表现特征的图画书,如单色系、对比色;不同美术表现方法的

图画书,如泥工、剪纸、布贴等。幼儿在不断接触这些图画书的过程中,自然培养了鉴赏美的能力,丰富了艺术创作的形式。在大班"我爱图书"主题中,教师就将代表上述艺术表现形式的图书画面呈现在美工区中,引导幼儿欣赏和创作。有线描画《母鸡萝丝去散步》、水墨画《小蝌蚪找妈妈》,色彩变化凸显生动故事情节和角色的《帽子先生和他的独木舟》《小红马》,以及泥工《拔萝卜》、剪纸《连在一起》、布贴《春天去派对》等图书画面。幼儿在欣赏的基础上,大胆尝试运用这些艺术表现形式再现自己喜欢的图画书内容。如线描画创编《新母鸡萝丝去散步》、水墨画《小蝌蚪找妈妈后续》;色彩创作《花格子大象爱玛》《彩色乌鸦》等;泥工再现《彩虹色的花》《咕噜牛》等。

图4-30 幼儿用线描画的艺术表现方式创编《新母鸡萝丝去散步》

图4-31 幼儿用泥工表现《咕噜牛》中小老鼠与咕噜牛相见的情景

图4-32 幼儿与同伴一起用折纸添画的方式创作三只小猪战胜大灰狼

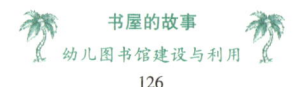

四、科学区的问题揭秘

对幼儿来说,科学与艺术是完美地整合在一起的,完全分开的认知类图书,幼儿是不喜欢的。优秀的图画书在讲述故事的同时,也蕴含着粗浅的科学知识。如《想吃苹果的鼠小弟》在讲述鼠小弟模仿不同动物摘到苹果的过程中,渗透了对不同动物外形特征、本领的介绍;《花园里有什么》向幼儿呈现了运用多种感官感知发现春天变化的过程等。在不同的主题中,这些图书的欣赏引发了幼儿的探究与表达。如在"春天"主题中,中班幼儿在信息区里开展了种植活动。为培养幼儿的观察兴趣和能力,初步学习运用符号表达自己的发现,一方面教师引导幼儿阅读《我会种植》《绿芽儿》《蚯蚓的日记》等图画书,感知春天里植物的变化,激发幼儿观察发现的兴趣;另一方面教师鼓励幼儿借鉴图书中的有益信息,尝试为植物的生长做观察记录,如《小豆子日记》《大蒜日记》,引导幼儿发现记录不同种植条件下豆子、大蒜的生长变化,以及有趣的发现等。在大班"秋天"主题中,教师与幼儿共同阅读了图书《收集东 收集西》后,引发了综合实践活动"收集秋天",幼儿利用周末时间从不同地方收集来各种秋天的物品。有的收集了从山上采来的野果、野草,有的收集了农贸市场上的各种秋天水果,有的收集了小区里的各种不同叶子,还有的收集了蜻蜓、蚂蚱。教师在充分了解幼儿收集内容的基础上,与幼儿共同创办了"我收集的秋天物品展",幼儿在教师的引导下欣赏、倾听同伴的介绍。可以说幼儿将大自然中的秋天搬进了教室,活动的效果非常好!同时活动也激发了幼儿对"收集"的兴趣,他们纷纷将自己喜欢的收藏品带到幼儿园与同伴分享,这种温馨的画面将给幼儿留下美好的回忆。

五、建构区的构想搭建

图画书中形象的故事场景,引发了幼儿用福禄贝尔图形拼摆、积木搭建的兴趣,尤其是搭建活动,幼儿将单纯的搭建与表演游戏结合,改变了"为搭而搭,为技能而搭"的现象,使搭建变得有意义、有情趣。同时,有主题、有合作的搭建增加了不同区

域幼儿之间的互动和交流。

日常幼儿拼图、搭建的内容大多是与主题相关的生活内容和场景。随着主题实施中图画书价值的挖掘与利用,幼儿在教师的启发下,大胆尝试运用福禄贝尔拼图再现图书中经典的故事情节。如大班幼儿在拼摆图画书《母鸡萝丝去散步》时,创造性地运用不同材料表现线描的装饰效果,大胆想象、再现新的故事情节等,同伴间的相互分享和启发,极大地激发了幼儿创作的兴趣。幼儿在利用图画书进行平面创作的过程中,其美术构图、色彩搭配、图形概括、图形间转换等多种技能得到发展。

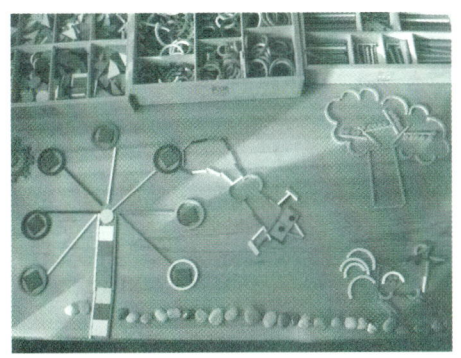

图4-33 母鸡萝丝经过游乐场,狐狸被转盘撞飞的情境

图4-34 狐狸被碰碰车撞倒的有趣情节

图4-35 幼儿拼摆《女巫扫帚排排坐》小动物们骑在扫帚上开心地往下瞧的情景(1)

图4-36 幼儿拼摆《女巫扫帚排排坐》小动物们骑在扫帚上开心地往下瞧的情景(2)

在搭建游戏中,图画书中的场景成为幼儿搭建的内容和主题。如托马斯车站、母鸡萝丝生活的农场、迷宫城堡等都是幼儿喜欢的搭建内容,他们不仅喜欢搭建,而且还自然地融入了情境角色表演。搭建过程中幼儿的观察力、空间思维能力、合作解决问题能力以及坚持性、探究品质等更是得到了发展。如在大班"我爱图书"主题

中,童话城堡吸引了幼儿的注意力,他们开始尝试搭建。但初次搭建时幼儿只是"形"似,缺乏细节的表现,因而在评价时没有得到同伴的认可。教师通过放大图书画面,引导幼儿观察讲述建筑的外形特点(楼顶中间是三角形的房顶,周围有四个"女巫尖尖帽"样式的城角),在发现问题的前提下,思考改进搭建的思路;过程中教师不断协助幼儿完善细化城堡结构,幼儿的搭建水平有了质的提升。

图4-37 初次搭建时幼儿只是搭建了楼房的轮廓,在教师的启发下幼儿细致观察图片,感知建筑结构特征、整体布局和细节表现

图4-38 幼儿在多次搭建的学习过程中学会了合理布局、创造性地使用原有的建筑材料,最终搭出了满意的城堡作品(1)

图4-39 幼儿在多次搭建的学习过程中学会了合理布局、创造性地使用原有的建筑材料,最终搭出了满意的城堡作品(2)

结合主题实施,图画书有机地融入到了幼儿自由、自主的活动区活动中,成为幼儿再现、创作的重要依托,丰富、拓展了其主题经验。

第四节　图画书在幼儿生活中

幼儿在幼儿园的一日生活,既包括学习活动,又包含入园、进餐、盥洗、如厕、睡眠等各个生活环节,以及幼儿的情绪、交往、社会性与个性化需要等方面的活动。

生活是幼儿学习内容的来源,也是幼儿重要的学习方式。幼儿对世界的认识就是从生活开始的,幼儿的发展也是在与生活中的人、事的相互作用的过程中发生的。幼儿在生活中的各项活动既是教育,也是生活;既是生活,也是教育。

幼儿稳定乐观的情绪、基本的生活自理能力、良好的行为习惯、友好的交往、良好的社会性等方面的培养有多种途径。其中,结合幼儿的生活需要设立相关主题、充分挖掘图画书的作用来培养幼儿的各项生活能力和品质是一条非常重要的途径,且能起到事半功倍的效果。

图画书内容丰富,包罗万象,大部分都是为幼儿做的,所以主题都跟幼儿有关。这些图画书的内容来源于幼儿的生活,其中含有对幼儿的期待,或是能成为幼儿抒发情绪的出口。在这些图画书里,幼儿都能找到自己的影子,在阅读图画书的过程中,教师不需要讲太多的道理,通过读这些书,已经自然地把想对幼儿说的话说完了。图画书起到了潜移默化的教育作用,达到了润物细无声的目的。

我们结合幼儿的生活需要在托班和小、中、大班分别设立了一定数量的生活化、社会性的主题,譬如"高高兴兴上幼儿园""好妈妈""我能干""好朋友""农贸市场"等,并结合幼儿的生活目标和现实需要,围绕主题的核心价值充分挖掘适宜的图画书,深刻分析其蕴含的独特价值,通过开展丰富多彩的活动,培养幼儿的生活能力和良好个性。

一、图画书与幼儿情感

3~6岁的幼儿,情绪发展正处于敏感期,这一时期是幼儿情绪两极性发展,即是向积极方向还是消极方向发展的关键期。幼儿的情绪变化具有情境性,容易受到感染和暗示。这一特征在小班幼儿身上尤其明显。小班幼儿进入幼儿园后,生活环境

发生了变化,他们要面对新的老师,认识新的小伙伴,一日作息时间也发生了变化,因此与教师、同伴建立安全性依恋关系是幼儿平稳适应的关键。于是我们设定了"高高兴兴上幼儿园"的主题,通过开展多样的师幼、同伴活动游戏,挖掘与幼儿现实需要相适应的图画书,借助图画书的榜样力量,帮助幼儿尽快地度过适应期。

1. 建立与教师的积极情感

会回应教师是师幼互动的基础。可是刚入园的幼儿,当教师引导其打招呼、介绍自己的名字时,幼儿表现出来的多是"无动于衷"。分析其中原因,在家中多位成人看护一名幼儿,许多事情并不需要幼儿进行回应,因此幼儿缺少应答的经验。这时我们选择了《大声回答"哎"》,它主要讲述了在幼儿园里教师和小朋友开展点名的活动,小动物夸张地张大了嘴巴回答"哎",画面形象生动,深深地吸引着幼儿。图书中教师还用生动的语言对幼儿的回答做出评价,"小兔子回答得真可爱","小猪回答得真响亮"等。于是在生活中教师经常与幼儿开展应答游戏,当幼儿忘记回应时,教师会亲切地引导幼儿回忆:图书中的小熊是怎样回答老师的?经过多次练习,幼儿在模仿小动物的基础上学会了回应教师和同伴,逐渐对老师建立了信任和依恋。

2. 增进与同伴的积极情感

小班幼儿初入园,受年龄和学习特点的影响,独自玩的现象随处可见。有的幼儿情绪不稳定,不愿意参与任何活动;有的则不会和小朋友交往,争抢玩具,被别人排斥。于是教师给小朋友讲了《好朋友》这本图画书,它主要讲述了几个小动物一起快乐玩耍时,小狸猫也很想加入,可是因为害羞、不好意思、声音太小而没能被大家发现。最后他终于鼓足了勇气,大声地说出来,"我也想和你们一起玩",最后受到大家的热烈欢迎。在生活中,教师先有重点地带领需要帮助的幼儿和其他幼儿一起玩,并慢慢引导他们模仿图书中的小动物,运用简单的语言与其他小朋友交往,学说"我和你一起看书吧","咱们一起跳舞吧"等交往语言,幼儿逐渐学会了如何加入到喜欢的活动中,感受与同伴共同游戏的乐趣。

在小班幼儿刚入园时,我们针对幼儿情绪情感等方面的问题选择适宜的图画书,通过一个个生动有趣的小故事,借助于一幅幅生动形象的图片,激发幼儿的情感体验,调动其积极的情绪,从而帮助幼儿较快、较好地度过了适应期。

3. 培养关心他人的情感

良好的社会性情感是个体对集体和周围关心自己的人的爱的情感,以及控制、表达和交流情感的欲望和能力,其核心是"爱的情感"。在幼儿的生活中,有大量的图画书向幼儿传递着如何感受爱、表达爱的信息,幼儿逐渐由爱自己,学会爱周围的人、爱家乡、爱国家。

在小班"好妈妈"主题中,我们引导幼儿观察感受妈妈为自己的付出,挖掘并有效利用图画书激发幼儿为妈妈、为家人做力所能及的事情,照顾、关心妈妈的愿望。我们选择了《我是小帮手》《我会照顾妈妈》等巧虎系列图书,巧虎看见妈妈提重物把手勒得红红的,就帮妈妈提重物;妈妈生病了,巧虎帮妈妈盖被子、说好听的儿歌,摸摸头安慰妈妈……带领幼儿阅读了这些图书后,教师引导幼儿讨论:"你可以帮妈妈做什么事情?"幼儿纷纷表达自己的想法:有的说,"妈妈上班很累,我帮妈妈倒杯水";有的说,"我帮妈妈捶捶背","我帮妈妈端碗筷","我帮妈妈洗袜子";还有的说,"妈妈生病了我给妈妈吃药","我自己玩玩具,让妈妈好好休息"等。教师引导幼儿回家实施自己的想法,并设置了"我是家中好宝宝"的表格,激励幼儿坚持做下去。通过家长的反馈,我们欣喜地看到,幼儿将图画书中看到的、听到的都变成了自己的实际行动,并逐渐由关心妈妈迁移到关心周围的人和事,其社会性情感得到不断增强。

二、图画书与幼儿自理能力

1. 掌握基本的生活自理能力

童年期的个体是脆弱和无能的,他们需要照顾、帮助和引导;同时,他们又是积极主动的,愿意尝试和自己动手去做。对幼儿而言,基本的生活习惯和能力的形成,基本的生活需要的满足,对生活的兴趣的形成,是其进一步发展的现实基础。因此,教师在与幼儿共同生活的过程中,通过对幼儿生活和其他活动提供帮助和支持实现教育,协助幼儿解决生活中的各种问题,让幼儿获得自信心,萌发独立意识。

小班幼儿离开父母的庇护,作为一个独立的个体进入幼儿园这个集体中,所面临的最大问题就是生活自理问题,进餐、睡眠、盥洗等生活技能的习得决定着他们是

否能很快地适应幼儿园生活，影响着幼儿安全感和愉快情绪的获得。

我们发现小班幼儿脱衣裤时，大部分都是把衣裤硬拽下来，因此常常会出现脱反的现象，而他们又不知道应该怎样把衣袖、裤管掏出来。有的幼儿会使劲抓住袖口或裤管往里塞，结果会塞成一团；有的会拿来甩，却怎么也甩不出来；有的干脆就说"不会"，不愿意自己动手……在进餐方面，许多幼儿不会用勺子，经常吃得满身、满地都是……根据小班幼儿的现实需要，我们设定了"我能干"的主题，并在主题中选取了《我会穿衣》《我会穿短裤啦》《我会自己穿衣服》等图画书，通过鲜活的人物、形象的动作、生动的语言指导幼儿学习如何有步骤地穿衣服、整理衣服；选取了《我有一张小嘴巴》《我会自己吃饭》等图画书，让幼儿了解自己的小嘴巴的特点、作用，结合图画书中喂喂小动物的情境学习自己吃饭、餐后整理；选取《我的小手》等图画书，向幼儿介绍小手的十个手指头及特点、小手的作用，书中小手会用手绢擦鼻子、用手吃饭、围围巾、穿鞋子等活动情境生动地向幼儿阐释了生活活动的乐趣。

"我能干"主题中对图画书的充分挖掘与利用，给幼儿树立了生活活动的榜样，营造了游戏化的情境，幼儿通过亲自参与自我服务、为他人服务等活动，比一比、看一看、说一说、做一做，提高了幼儿的自理能力，体验到"自我服务"的快乐。

2. 培养良好的生活习惯

叶圣陶说：教育就是培养习惯。良好的习惯体现出一个人的文明素质，影响人的行为和人生走向。习惯包含很多内容，其中良好的生活习惯，诸如饮食习惯、卫生习惯、作息习惯、睡眠习惯等对幼儿的成长尤为重要。良好的生活习惯不仅能促进幼儿的身心健康，而且会对幼儿的未来发展产生积极作用。

人的习惯好不好、素质高不高，往往反映在小事上，所以培养幼儿良好的生活习惯要从小事做起，从细节抓起。在"高高兴兴上幼儿园"主题中，教师创设了多个区域，提供了丰富的活动材料供幼儿操作玩耍，以满足幼儿行动学习的需要，减少幼儿入园的焦虑情绪。幼儿对活动区的玩具非常感兴趣，可是每次玩完之后，活动区里都是一片狼藉。于是我们选择了《收起来》这本图书，通过拟人化的手法给小玩具赋予灵性，当小熊玩完玩具后，不收玩具就开溜，结果有的小玩具哭鼻子，有的生起气来，最后小熊只得乖乖地收玩具。通过图画书鲜明生动的形象和有趣的故事情节，

幼儿产生了深刻的体验,开始有了玩完玩具要收拾的意识,并且在教师的帮助下,逐渐能主动地将玩具收好。

在幼儿进餐时我们发现,由于食物本身、幼儿自身和家长行为等原因,幼儿的挑食现象严重。于是我们设定了"农贸市场"的主题,带领幼儿到农贸市场参观、购买各种蔬菜,尝试亲自动手和爸爸妈妈制作好吃的菜肴,同时针对难嚼的芹菜、甜甜的胡萝卜、黑色的木耳和香菇等幼儿不太喜欢的食物,我们选择了有趣的图画书,通过阅读理解图画书中的内容,帮助幼儿逐步改掉不良的饮食习惯。比如《多多什么都爱吃》,讲述了小朋友把好吃的饭菜都给了什么都爱吃的小狗多多,结果小狗越长越大,而小朋友却变得越来越小;《爱挑食的猫先生》通过拟人的手法讲述了对食物非常挑剔的猫先生在朋友的影响下不断改变的过程;《不爱吃萝卜的小兔》中小兔子不爱吃萝卜,小狗、小猫、小猴子用尽各种有趣的办法帮助小兔子爱上了胡萝卜。在图书的阅读中,我们引导幼儿进行讨论和探索:我们为什么要吃这些食物?还有哪些食物对我们的身体有益处?通过阅读理解、搜集信息,幼儿了解了许多食物的营养,开始尝试吃一些原来不喜欢的食物,比如南瓜、香菇、油菜等,逐渐改掉了挑食的习惯。

三、图画书与幼儿交往

幼儿的社会性发展是在与人的交往关系中实现的。在与同伴的共同活动中,幼儿与同伴建立起相互协作的关系,表现出谦让、互助、合作以及共享等行为。良好的同伴关系为幼儿日后良好人际关系的建立及社交能力的发展奠定了基础。

班杜拉认为,模仿在儿童行为的习得中是一种更重要的途径或机制,儿童的许多行为是通过对现实的或象征性的榜样行为的模仿而获得的。而图画书中的故事内容、情节贴近幼儿的生活,角色形象生动,是培养幼儿良好社会性的有效途径。幼儿一旦对故事中的角色产生认同,原有的价值判断、道德标准也会随故事发生改变,而这角色跟他越接近越容易得到认同。所以,我们结合主题和幼儿的现实需要,选择与幼儿生活贴近的图画书,引导幼儿学习、认同并规范自己的行为。

同伴交往是幼儿社会化的重要途径。幼儿只有在与同伴的友好交往中,才能学

会在平等的基础上协调好各种关系,充分发挥个体活动的积极性、主动性及创造性,从而更好地认识自己、评价自己。

在日常生活中我们发现,幼儿在与同伴交往中仍存在着自我中心、攻击性行为等,阻碍了幼儿社会交往能力的发展。于是在中班"好朋友"主题中,我们与幼儿一起分享了图画书《友谊》,引导幼儿思考什么是好朋友,好朋友之间要怎样相处。从图画书中,幼儿学会了好朋友之间要相互帮助、相互照顾、有玩具轮流玩、有好东西会分享、做错事情时要说对不起、要包容好朋友的缺点、学习好朋友的优点……图画书《小老虎布布》让幼儿认识到蛮横无理是错误的交往方式,是不会找到好朋友的;而《全都是我的!》讲述了朋友之间要相互分享,不能那么自私;《我是霸王龙》《你真好》等图画书,让幼儿像故事里善良的小翼龙一样,不管谁遇到困难都会给予无私的帮助,哪怕是自己的敌人,也要包容,给他帮助!

我们还发现幼儿活动时都喜欢和能力强的小朋友在一起,而能力弱的幼儿则会遭到排斥和拒绝。针对这一现象,我们也搜集了相关图书,引导幼儿学会欣赏小伙伴身上的优点,接纳包容小伙伴身上的缺点。我们分享了《吱哩吱哩老鼠》《小露珠找朋友》《萤火虫找朋友》《爱笑的鲨鱼》等图画书,通过书中生动的故事情节,幼儿明白了每个人身上都有优点和缺点,不能总看到别人身上的缺点,而应该欣赏、学习别人的优点,接受别人的缺点,他们也懂得了"朋友没有贵贱"的道理。

幼儿间相互帮助、相互关心,班级中形成了良好的交往氛围。幼儿从中学会了交朋友的方法以及与好朋友的相处之道,谦让、团结等积极的情感促进了同伴间良好交往能力的发展。

幼儿的学习和生活密切相关,对他们来说,日常生活是他们学习和发展的重要课堂,幼儿的发展就是通过每天的生活环节来实现的。这里蕴含着许许多多的教育资源,教师应做个有心人,充分挖掘幼儿身边的教育资源,引导幼儿在生活中学习和成长,身心和谐地发展。

第五节　图画书在集体活动中

集体活动是幼儿园教育活动的一种重要形式。它是依据幼儿身心发展水平或者学习兴趣、需要,以教师和幼儿双方共同参与为基础,所进行的有目的、有计划的教育活动。传统集体活动强调幼儿认知和技能的获得,学科领域之间的经验是割裂的、分离的;在活动内容选择方面也多从教育者角度考虑,较少关注幼儿自主、自发的兴趣、生活和发展需要。

开放教育的集体活动以追随幼儿合理的需求和兴趣为基点,活动的选择以幼儿主动地学习、发展需要为首要参照。它落脚于幼儿关注的、困惑的、感兴趣的一切有教育价值的信息内容,强调整合并利用幼儿园、家庭、社会的各种资源,师幼共同营造和谐、支持、合作、自主的活动氛围,鼓励幼儿以自己喜欢、独特的方式来表达对学习的真切体验,从而使幼儿的生活、学习变得更有意义。

图画书,作为开放教育的重要课程资源,被充分挖掘、运用于每个主题。在主题实施的不同阶段,教师会和幼儿共同收集与主题相关的图画书,通过鉴赏、细致研究图画书呈现的有价值的信息,发现其与主题核心目标的关系,根据幼儿在主题中的经验、共同兴趣和问题,有目的地选择图画书并纳入集体活动,在集体阅读中促使幼儿经验拓展、能力提升、身心健康发展。

一、图画书扩展幼儿主题经验

根据幼儿活动中的共同兴趣和需求,运用图画书满足幼儿的共同需求,解决问题,帮助幼儿串联起零散的经验,推动活动不断深入开展,是我们将图画书纳入集体阅读的重要目的。

在大班"勇敢的消防员"主题中,教师观察幼儿角色区消防大队的游戏活动时发现:幼儿频繁接警到娃娃家救火,除此之外便无所事事,没有新的活动内容。对此,教师进行了思考:前期幼儿参观了消防大队,对消防设施和消防员的主要工作有一定了解,但是对消防员灭火以外的工作无从感知,经验比较贫乏,造成游戏活动重

复,活动水平低。

☞教学策略:问题式重点阅读

如何拓展幼儿对消防员的感知经验,推动主题向纵深发展?我们与幼儿集体阅读了图画书《消防站的一天》《消防站里》。教师采取问题式重点阅读策略,指导幼儿围绕核心问题先进行自主阅读,进而有重点地引领其细致观察图画书中的重点画面,帮助幼儿了解消防员救火之外的生活情境,深刻理解消防员对我们的生命保障和救援的重要意义,从而对消防员产生强烈的爱戴与钦佩之情。集体阅读后,幼儿提出新的活动想法:消防员受伤了怎么办?我们要有医院,给消防员检查身体、让他们不受伤;我要给消防员做超级消防服,再大的火都不怕;可以邀请消防员去娃娃家做客,做很多好吃的给他们吃;我们可以搭建训练场地,让消防员训练比赛……图画书中的信息成功转化为幼儿的活动经验,在满足了幼儿活动需求的同时,促使主题活动更为贴近幼儿生活,活动水平得到提升。

二、图画书引发幼儿经验共享

我们遵循"图书来源于幼儿需要,贴近幼儿生活"的原则,将幼儿的生活经验融入阅读,期望通过集体阅读能够引发幼儿间情感体验、生活经验的共享与迁移,为幼儿搭建起情感与生活体验交融、互通的桥梁,产生共鸣。

在小班"我爱妈妈"主题中,教师通过与幼儿交流和观察幼儿妈妈扮演游戏发现:小班幼儿对妈妈的印象集中表现为忙于洗衣、做饭、买菜、擦地等,他们对"好妈妈"的理解大多是"妈妈给我买玩具、买好吃的、陪我玩……"幼儿对妈妈有感知经验,但是经验是零散的、表浅的。

☞教学策略:逐页观察共读

为引导幼儿深入解读妈妈言行中蕴含的感情,加深幼儿对生活中妈妈爱的体验和表达,我们选择了图画书《我妈妈》《妈妈心妈妈树》《生日礼物》和幼儿集体品读。我们采取逐页观察共读的方式同幼儿一起捕捉、发现图画书中妈妈的多种信息。图画书《我妈妈》中"妈妈"的性格、爱好、衣着特点等画面,引发小班幼儿对自己妈妈的情感生活体验:"我妈妈会打电脑、我妈妈会弹钢琴、我妈妈很漂亮、我妈妈喜欢红

色、我妈妈身上可香了……"幼儿纷纷表达自己妈妈富有个性的喜好和本领。在此基础上,我们和幼儿一起阅读图画书《妈妈心妈妈树》,引导幼儿更深入地感受妈妈的爱就在身边,幼儿体会到"我妈妈爱我,她每天都和我一起看故事书""我妈妈带我去游乐场玩""妈妈带我到面包房做月饼"……伴随着情感体验的激发,幼儿对图画书《生日礼物》中小主人公为妈妈准备礼物的那份爱感受得更加真切,他们的情感共鸣更加丰富:"我也要给妈妈画画""我要给妈妈拿拖鞋""晚上不用妈妈给我讲故事了,我给妈妈讲故事"……幼儿用自己的方式表达着对妈妈的爱。

图画书像一把钥匙,打开了幼儿对妈妈的印象之门,他们充分地表达着对妈妈的感知和对妈妈的情感。集体阅读连接起了不同幼儿的生活经验,引发了他们的情感共鸣,在互动中,幼儿学习感受、倾听、分享彼此的想法并拥有着愿意交流的话题,在有限的时间里获取了多元的信息,对妈妈的感知变得更为丰富和深刻。

三、图画书激发幼儿探究欲望

"有价值的图画书能够带领幼儿更为广泛、细致地发现生活中一切有趣的事物,带领他们进入神奇的未知世界。"在主题活动中,我们重视挖掘、运用图画书中所蕴含的幼儿未知的"新经验",希望通过图画书这位"不需要说话的老师",能将它所蕴含的新经验在幼儿心中留下深刻印记,从而为幼儿生成活动提供更多的可能。

☞教学策略:问题式重点阅读

在中班"有趣的海洋动物"主题中,通过外出参观和信息分享,幼儿对海洋动物充满了好奇:"我喜欢帝王蟹,它的大螯很硬很硬,谁都打不过它""我知道海豚是最聪明的海洋动物,它会领航""我喜欢小丑鱼,不喜欢鲨鱼,太吓人了"……每个幼儿都有自己喜欢的海洋动物。教师带领幼儿集体重点阅读了《瓦卡卡和艾茜茜变飞鱼》《瓦卡卡和艾茜茜——海底的怪物》等系列图书,在幼儿完整阅读的基础上,鼓励其提出自己感兴趣的问题。幼儿被图画书中五彩斑斓、形象各异的鱼深深吸引,图画书中鱼类的奇特样子、特殊本领、不可思议的生活环境和方式等都成为幼儿谈论的话题。阅读中,幼儿提出许多关于鱼类生活的问题:为什么鳗鱼会发电,它能电死人吗?为什么天使鱼的身体是透明的?飞鱼真的能飞吗,它能飞多高?……图画

书中新经验的加入与共享,拓展和丰富了幼儿对于特殊鱼及其他海洋动物类别的了解,幼儿由初期广泛关注海洋动物转移到关注"海底鱼家族"的生活上,衍生出对奇特的鱼的深入探究。

四、图画书帮助幼儿解决问题

图画书是反映幼儿心理和成长特质的重要载体,对于幼儿的性格塑造和健康心理的养成有着重要而独特的作用。我们将图画书视为"隐形的榜样",针对幼儿表现出的共同情绪情感问题,适时运用图画书予以积极影响和疏导。

☞教学策略:选择性自主阅读

大班幼儿面临幼小衔接,很多幼儿表达了自己关于上小学的焦点问题:上课的时候我要小便怎么办,老师会不会批评我?作业我没记下来怎么办?我的东西掉了怎么办?……面对幼儿的茫然和困惑,我们精选了图画书《勇气》《我长大以后》和系列图书《小学向前冲》开展集体阅读,依据不同图画书的特点、内容难易程度,教师分别采用引领下的自主阅读、问题式重点阅读、选择性自主阅读等策略,引导幼儿分享阅读体验。《勇气》一书的阅读帮助幼儿加深了对勇气的深刻理解,懂得勇于挑战、不畏惧困难、敢于展现自我都是勇敢的表现,鼓励幼儿充满信心地迎接小学生活;图画书《我长大以后》则引导幼儿体会新生活的开始标志着自己的成长,未来将会拥有更多的梦想和机会;系列图书《小学向前冲》有效解答了幼儿关于小学入学准备、结交朋友等方面的困惑和焦虑,拓展了幼儿关于小学生活的有益经验,幼儿关于入学的诸多担心和焦虑情绪得到有效缓解,同时也激发起他们的入学自信及对小学的积极向往。

图画书在集体活动中的创造性运用,不仅有效激发了幼儿阅读的积极性,提升了幼儿连续观察、深入理解、个性表达的水平,更重要的是充分满足了幼儿的共同需要,解决了他们关注的焦点问题,在有限的时间内将最具价值的经验予以共享、拓展。

主审点评

图书馆课程资源与青岛市实验幼儿园历经 20 余年努力建构的"开放教育"课程紧密联系。如果说,图书馆课程资源库是一粒尚待萌发的种子,那么,能让种子生根发芽的土壤就是开放教育课程资源库的资源。贯彻"幼儿一日活动即课程"的思想,开放教育强调通过开展幼儿主动参与和发展的活动来全面提高幼儿一日活动的质量。

图书馆课程资源将主题活动、区域活动、生活环节和集体教育活动这些活动形式进行了美妙的串联,这些活动犹如一串项链上的美丽珍珠一般,围绕"图书馆课程资源"这一红线,成为有效推进"开放教育课程"建设的有力推动力。这里考验的是园长和教师的课程资源开发利用的自觉意识和建构能力。团队互动成为图书馆课程资源建设的重要内外支持。

> 第五章　家庭教育中的阅读故事

苏霍姆林斯基曾说过:"所有那些有教养、品行端正、值得信赖的年轻人,他们大多出自那些对书籍有着热忱的爱心的家庭。"如果父母能建立起良好的家庭阅读习惯,就如同在幼儿的心田播撒了一颗幸福的种子,它将伴随幼儿一生的成长,为幼儿的终身发展奠基。那么,幼儿园应该如何通过早期阅读来提高家庭教育质量,建立具有包容性、引领性和成长性的家园合作关系呢? 这成为我园实践"书香家庭引领幼儿阅读"理念的重要目标。

第一节　家长朋友的阅读故事

《中国儿童发展纲要(2011—2020年)》(以下简称《纲要》)在"儿童与社会环境"领域提出"培养儿童阅读习惯,增加阅读时间和阅读量""广泛开展图书阅读活动,鼓励和引导儿童主动读书",在其策略措施中提出建

议,"推广面向儿童的图书分级制,为不同年龄儿童提供适合其年龄特点的图书,为儿童家长选择图书提供建议和指导;增加社区图书馆和农村流动图书馆数量,公共图书馆设儿童阅览室或图书角,有条件的县(市、区)建儿童图书馆"。实践中我们发现,我园在"园级图书馆""班级图书馆"和"蒲公英图书馆"的创建和利用中均已体现了《纲要》中提倡的上述精神,在培养幼儿阅读习惯、发挥幼儿自主阅读兴趣和能力方面已经取得了显著的效果。家庭是幼儿社会化的第一个场所,而通过多年的探索和实践,我们发现家庭幼儿阅读兴趣的萌发和阅读习惯的培养至关重要。

一、家长朋友的阅读问题

为了让我园的早期阅读教育的开展更富有针对性,我们与家长或其他幼儿照顾者一起讨论,专门针对家庭早期阅读现状进行了开放式的访谈调查。我们采用团体访谈的形式,访谈对象包括早教班和大班幼儿的家长,目的是了解其对家庭早期阅读教育的观念和方法,对比早教班和大班家长的观念和行为在幼儿园早期阅读教育前后是否存在差异,教育效果是否明显等。调查结果如下:

1. 家庭早期阅读观念存在差异

早教班幼儿的家庭早期阅读主要关注"识字",阅读的目的主要是让幼儿能够复述故事内容("现在有些故事和诗歌给她讲上两遍,她就能背下来复述给我听了,阅读的能力明显比以前提高了很多,经过家里人教她,现在已经认识不少文字了");个别照顾者还没有认识到早期阅读的重要性("没上幼儿园之前我只知道把孩子看管好了,别碰着、摔着就行了")。同时,有家长已经开始关注到幼儿的阅读兴趣问题,开始关注幼儿的提问等阅读行为("孩子还不认识字,有时候让孩子读书中的文字他不喜欢,但是喜欢看图画,尤其是像迷宫一类的图书,他特别专注";"现在因为读书读得多了,有时候就会问:'爸爸,你怎么知道画面上这两个小动物说的是什么呀?'")。

大班幼儿的家庭早期阅读则主要关注图书的综合教育价值,尤其表现在图书选择方面("虽然有些书对孩子来说并没有什么教育意义,但是孩子还是很愿意看,比如说《芭比娃娃》,但是这种书可以提高孩子的审美,比如说它里面画的一些衣服等等,当然我并不建议孩子看这些书");有的家长重点关注幼儿的语言发展,但是大多数家长认

为"识字"并不是最重要的,不会专门教幼儿识字("我主要也是关注孩子的语言发展,其他方面要看他自己的兴趣,对于文字,我们并没有教他,我家人也不教孩子认字";"我确实不赞同孩子认字,我也不教他认字,我并不单独将文字提出来告诉他这个念'大'")。同时,家长对幼儿阅读兴趣的关注也逐步深入,开始关注不同图画书满足幼儿阅读需要的重要性,开始关注幼儿自主阅读的行为等("后来他自己去翻着书看给我们讲,这时候我们才知道他已经认识字了。后来他的阅读兴趣变得很广泛了,包括绘本、手工类的、科普类、数学类等")。但仍然有家长根据自己的意愿代替幼儿选书("从小我就按照我自己的意愿给他买书,因为孩子小时候胆子比较小,我就给他买些锻炼胆子的书,让他变得更勇敢些,就是根据他的性格特点给他买些书。现在一般都是他自己选,我把书都放在书架上,有些书我觉得很好,但是他不感兴趣")。

2. 家庭早期阅读的物质准备存在差异

早教班幼儿家庭早期阅读的物质准备主要集中在通过书店或网络购买几十本幼儿图书("现在家里的图书有70~80本";"家里有了50~60本书,90%的书都是从网上买的"),且大多数是绘本类图书("我家孩子的图书也不少,大部分都是绘本类的");个别家长开始为幼儿准备了书桌,将图书分类摆放("给他买了个书架,按照书的不同规格大小进行了分类摆放";"我们买了一个书桌,一般我在旁边陪着她一起阅读");还有个别家长还没有为幼儿早期阅读做好准备("我们家长没有经验,我们想多从幼儿园获取更多的关于教育孩子的信息")。

大班幼儿家庭早期阅读的物质准备主要关注两方面:第一,家庭已经积累了成百上千本幼儿图书,数量大为增加,有的还是成套的("具体多少我也没数过,但至少也有上百本";"九月份搬家的时候我统计过家里的书,大概有3 000本"),内容选择也更加多元化,并不局限于儿童绘本,还涉及儿童类阅读杂志、图画书等其他读物("除讲故事的书以外,我们还在家给孩子订阅了《幼儿画报》")。第二,这些图书处在幼儿生活的环境之中,有的存放在固定位置,有的放在床头等幼儿随手可以拿到的地方,甚至外出的车里也有图书("一般孩子看过的书都存放在一个位置,还有一些新的正在阅读的书有的放在地垫上一些";"有的放在床头上,还有放在沙发上一些,基本上是随手可得";"我每次带她出去玩的时候后备箱里都必须给她带着几本书")。

3. 家庭早期阅读的方法存在差异

早教班幼儿家庭早期阅读方法主要采取照文字讲述、要求幼儿复述的方式("因为书中有属于学前的词汇,讲故事的时候我就给她讲,讲完之后让她简单复述,我是看着书里的文字给孩子讲画面,让孩子看图画听故事");家长和幼儿开始分享阅读,有的还采用表演的方法("一般是我拿着书坐在他们对面,让他们看书的正面,我俯视着看书给他们讲。有时候讲完故事他们还要求家里人扮演其中的角色,将故事表演出来")。

大班幼儿家庭早期阅读面貌呈现多样化、随机性、科学性的特点,主要表现在:时间、地点的选择较为灵活,大多是睡前限制时间讲述等,阅读的时间一般在10~30分钟,且妈妈是陪伴幼儿进行家庭早期阅读的主要人员("每天晚上睡觉前都会给他定量阅读";"我们就必须给她规定今天晚上只阅读几页,要是不事先定下来,她就无休止地一直让你讲下去");阅读方法关注幼儿需要与图书之间的关系,注意到根据画面内容的同时考虑幼儿的理解性讲述("有些书他已经能够自己阅读了,只是有些文字还不认识,但是他会以他自己的理解读下来";"《幼儿画报》上会出示几幅图片,然后要求孩子以一个题目为线索完整地将图片内容加上自己的理解叙述出来,这也是一种阅读方法");阅读渗透在一日生活中,即使外出家长也尽量创设多种条件促进幼儿的自主阅读("现在我家孩子阅读一般不用我们指导。因为我家出门就是书城,他最喜欢的事就是坐在里面读书");家庭早期阅读的入学准备特征开始出现,即幼儿开始关注文字,产生对文字的兴趣("孩子在家阅读的时候像'大'这样简单的文字他都认识了,也没有人教过他认字,基本上在书本上碰着他就能认出来,偶尔在书中碰到不认识的字如'叔'字,但是从'叔'字前面的文字'小刘'他便能顺出这个字的读音'shu',现在孩子的阅读能力很强了")。

由此,我们认为家庭早期阅读无论从观念上还是物质准备上已经得到普遍重视,家长也尝试采用一些有效的策略促进幼儿早期阅读能力的提高。这与多年来我园一直非常重视和坚持的幼儿园早期阅读的研究和实践密不可分——无论是幼儿园图书馆开展的每周借阅活动,还是班级中创造性地开展图画书借阅活动,抑或是自发性的公共区域阅读活动——都有效促进了幼儿和家长早期阅读兴趣的培养和

阅读能力的提高。

当然,我们也清醒地认识到家庭早期阅读仍然存在误区,作为幼儿园有必要引导、协助家长,与家长倾力合作,以帮助家长树立正确科学的早期阅读观,寻找到适宜的早期阅读家庭指导策略。

二、给家长朋友的支持

1. 规划家庭中的书房

家长是幼儿成长的重要他人,幼儿的学习以模仿为主,家长对图画书的鉴赏、阅读水平会对幼儿产生直接影响。为从根本上解决家长忽视幼儿阅读的问题,我们请家长走进活动室,由班级教师结合班级图书区的创设和利用向其做详细介绍,引导家长在家庭中为幼儿创设独立的阅读区或小书房。

幼儿书房一定安排在光线明亮的房间,书桌的朝向应以幼儿阅读时左侧入光为宜。座椅的高度(30厘米左右)以幼儿端坐时,两脚脚底自然状态下着地为宜,书桌的高度(40厘米左右)以幼儿端坐时手臂两肘自然平放为宜。书橱的高度以幼儿站立时高度为宜(90厘米左右),每个书橱的宽度(80厘米左右)以组合的方式排放在小书桌两侧,或依据书房的空间灵活摆放。

摆放幼儿图画书时,应按照图画书的种类进行摆放。如可以按照故事类、诗歌类、科普类、生活类、交通工具类等方面进行分类,以便幼儿养成按需、按序取放图画书的良好习惯。

成人在陪伴幼儿阅读时,可以在地毯或地板上抱着幼儿顺势指认阅读,也可以和幼儿平行坐在小书桌边一起阅读。当幼儿对一些图画书比较熟悉或理解得较为深刻时,成人可以和幼儿一起选择其中喜爱的角色进行创造性表演,以激发幼儿喜爱阅读的愿望。

2. "书香家庭"评选

规划家庭中的书房是我们从物质环境方面对家长提出的要求和建议,为能让家长在具体的家庭生活中能真正陪伴幼儿阅读,且取得实效,我们在全园家长中开展了"书香家庭"的评选活动。即当"阅读节"启动后,在长达一年的时间里,通过全方位考察家长参与家园活动情况,在家长自荐的基础上,班级推荐到幼儿园,幼儿园进行审核,最终评出大家认同的"书香家庭"并予以表彰。

附:

青岛市实验幼儿园"书香家庭"评选条件

1. 家庭中营造了浓厚的阅读氛围,家庭中成人阅读书目和幼儿阅读书目人均达到百册以上。为幼儿设立独立的阅读区域,有适合幼儿自由取放图画书的书柜、小书桌、小椅子或抱枕、靠垫等物品。

2. 家庭中重视对幼儿阅读习惯、阅读能力的培养,能依据幼儿不同时期的特点和经验选择、提供适宜的图画书,带领幼儿开展阅读活动,家庭中建立起了良好的阅读习惯。

3. 能定期围绕着班级中主题探究活动的开展,积极为班级提供与主题内容相适宜的、高质量的图画书,与同伴分享。

4. 积极参与班级开展的"家长进课堂""亲子表演"等家园互动活动,与幼儿一起分享优秀图画书带给孩子们的乐趣,并受到孩子们的喜爱。

5. 积极参与班级开展的图画书鉴赏活动,将家庭中有价值的图画书推荐给教师和家长朋友,并能对所推荐的图画书做赏析和指导策略介绍。

青岛市实验幼儿园
2010.5.19

建立起对家长的评价机制后,家长们重视幼儿阅读的积极性异常高涨,通过层层评选,自2010年以来,每年都会涌现出百余个园级"书香家庭"。2010年10月,中国教育学会在北京召开表彰会,我园获得"书香满园"学校称号,宁征园长在大会上做典型经验介绍,从建立动态的图书馆资源库,让园领导拥有追随者,以赠书培植教师的读书热情,以导读解决实践中存在的问题,以共读碰撞教师的智慧火花,以选读为教师提供个性化需要等六个方面向入会者做经验介绍,受到主办方和与会代表的好评。

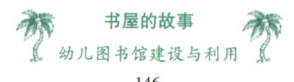

令我们震撼的是在这些"书香家庭"中,有的家庭仅幼儿图画书的藏书量就达2 000~4 000册,这在广大家长中传为佳话。

附:

我们家的读书

阳光园　小一班　尹逸扬家长

很荣幸能参加"书香家庭"的评选活动,作为家长,我们也很感谢幼儿园能给孩子们提供良好的读书氛围,孩子们能在一个重视阅读的幼儿园里快乐成长真是一大幸事,爱上阅读,受益一生。

逸扬从1岁多接触图画书至今有三年多时间了,从起初属于他的一个小小的书架发展成现在独自拥有一间书房,粗略的估计应该有上千本图书了。得益于网络,我们一直能按照逸扬的兴趣点来搜寻适合他每一成长阶段的优秀图书,这样孩子就很容易地爱上图书,也习惯于从图书里获取知识,感受快乐。我们给孩子选择的图书大都是图画书,所以讲故事不是简单的我们读孩子听,孩子自己通过看书中的图画就能读懂故事,并能展开想象,通过读画孩子就可以跟我们交流,并且常常会读出一些大人想象不到的意思。每天饭后我们都会找时间给孩子讲图书,小的时候是我讲,现在基本都是爸爸讲,这也是我们家最快乐的时间了,孩子从中找到了乐趣,拓展了视野;同时也给我们留下了很多珍贵幸福的回忆,我们也通过这一过程去体味孩子的成长,去感知孩子的心灵,并且试着从孩子的角度看世界,借此机会来反省自己,重温童年,去努力保持一颗不老的童心。

幼儿园每月不同的主题活动,我和逸扬都特别喜欢,尤其是老师选择相关的优秀绘本来配合不同主题的开展,这样既提高了孩子们对图书的兴趣又加深了他们对主题的理解,孩子们真是受益无穷!逸扬也特别喜欢把自己的书拿来跟小朋友们一起分享,共同交流。让我们家长和老师一起努力,让书香滋润孩子们度过快乐童年!

图 5-1 尹逸扬小朋友的温馨书屋　　　　图 5-2 哇！这些书都是逸扬阅读的

附：表彰"书香家庭"荣誉证书内容

×× 小朋友：

　　祝贺你们的家庭获得了青岛市实验幼儿园"书香家庭"！愿书香伴随你健康成长！

　　3. 评选优秀征文

　　为调动和激发家长们重视幼儿阅读活动的开展，丰富幼儿阅读的体验，充分挖掘和利用本土资源，在"阅读节"活动期间，我们向家长发放优秀征文活动通知，请家长们积极主动地参与到幼儿文学作品的创编中来。经过班级审阅和幼儿园审阅后，在庆"六一"阅读节的活动中对评选出来的优秀征文，进行表彰。以下是评选家长优秀征文的通知：

附：

"海洋创意故事"征文开始了！

亲爱的家长朋友：

　　大家好！2011 年随着《山东半岛蓝色经济区发展规划》的顺利批复，又恰逢"十二五"规划开局之年，青岛迎来了新时期前所未有的发展机遇和挑战。开展"蓝色海洋教育"是青岛社会经济加速发展，创建现代化国际城市的需要；是推进教育改革、创新与发展，深入实施素质教育的需要。为落实《青岛市中长期教育改革和发展规划纲要（2010—2020）》，青岛市政府、青岛市教育局提出"蓝色海洋教育实验"项目，我园有幸被列为教育改革试点单位，并制定了我园"十二五""幼儿园'蓝色海洋教育'研究"课题研究方案，为期三年。"蓝色海洋教育"的研究，将为深化我园开放教育、为幼儿全面发展带来更为广阔的契机。

为深化"蓝色海洋课程"的实施，自本学期起，各年龄班幼儿都将围绕着适宜的、以突出海洋特色为核心的主题，开展多元的探究活动。学期初，园领导组织部分骨干教师，集中群体智慧为不同年龄阶段幼儿建构了详细的海洋课程方案，为确保该课题的研究奠定了良好基础。目前，大班正在实施"海洋之舟"主题，中小班的幼儿将于下阶段相继实施"海洋动物"和"好玩的沙滩"主题。为凸显海洋本土资源的充分开发和利用，我们特向各位家长发出邀请，为孩子们创编以海洋动物、海洋生物、海洋宝藏、海洋船只等为题材的儿童诗歌、童话故事等题材的作品。必须是自己创编的，切忌抄袭。我们真诚地邀请亲爱的家长朋友快快加入到"海洋课程"实施过程中，发挥您的聪明才智，结合幼儿的需要和经验，创作丰富多彩的"海洋文学作品"，让我们共同带领幼儿进入绚丽多姿的海洋天地。

随着"六一"儿童节的临近，我们将开展"海洋创意故事"评选活动，优秀者将获得"最佳海洋故事创作奖"，并在"六一"节当天举行特殊的升国旗仪式，为获奖者颁发相关奖项，其作品将收集到我园《海洋课程文集》中，作为"蓝色海洋"课题的一部分永久保留。这些文学作品，我们将与幼儿的学习活动密切结合，开展丰富的讲述、幼儿表演、亲子表演、形式多样的创作等活动，激发幼儿的探究欲望和兴趣，培养幼儿热爱海洋、保护海洋的意识和品质，促进幼儿健康、和谐、全面发展。

注：1. "海洋创意故事"征文自即日起，截止时间为 5 月 27 日中午 12:00

2. 征文请按下列格式呈现：

××园区　　××班级　　幼儿姓名：××　　作者姓名：××
题　目

正文：

谢谢您的积极参与！

青岛市实验幼儿园
2011.5.17

4. 特殊的升旗仪式

为大张旗鼓地宣传家长们的优秀做法,我们为获奖的班级和家庭举行了特殊的升国旗仪式,为他们举行特殊的颁奖活动,并将信息资料上传至我们的网站和宣传橱窗予以分享。

第二节 多元活动中的家庭阅读

著名儿童文学研究专家彭懿在《图画书——阅读与经典》中指出,家长培养幼儿早期阅读的方式与心态,直接影响着幼儿以后的阅读能力与阅读习惯。当前,家长越来越重视幼儿的智力开发,为幼儿购买图书,让幼儿在阅读中学习是每个家长惯用的教育途径。如何科学地为幼儿选择图书,进行早期阅读培养是家长面对的一个重要课题。

一、家长阅读沙龙活动

围绕家长当前对早期阅读认识的误区,我们开展了"亲子读本沙龙活动",沙龙活动的内容有早期阅读的重要性、家庭指导对早期阅读的影响、幼儿图画书的选择、家长读本鉴赏等,旨在为家长搭建一个以"幼儿早期阅读"为核心的家长育儿交流平台,转变家长观念,走出早期阅读的误区,播撒幸福的种子,润泽幼儿的心灵,让他们在阅读中体验"悦读"。

（一）帮助家长进一步明确科学的早期阅读理念

家长对早期阅读价值和重要性的认识需要教师在观念上、行为上进行引领。教师们在开展"亲子读书沙龙"前要做充分的准备,了解家长对早期阅读的认识,调查家庭阅读环境的创设、图画书的选择、亲子阅读的方式等,通过调查分析了解家庭早期阅读的现状、误区和需求,从而有针对性地向家长做早期阅读理念的传播。

1. 给家长做培训,帮助家长树立正确的早期阅读理念

为丰富和提升家长对早期阅读的认识和理解,教师们查阅了大量的早期阅读文献,如松居直的《我的图画书论》《幸福的种子》、彭懿的《世界图画书阅读与经典》等,归纳出早期阅读的价值、核心理念和亲子阅读的策略,以理论和实践案例相结合的方法制作课件《书香浸润幼儿的心田》,向家长做早期阅读理念的培训。并向家长开放阅读课堂,让家长走进阅读现场,了解幼儿阅读的兴趣和现状,吸纳教师适宜的阅读指导策略,加深家长对早期阅读与幼儿发展的意义的理解。通过培训使家长明确,图画书是幼儿在能够看文字书之前所必需跨越的一个过渡桥梁,从"读图"开始阅读的幼儿,才能够真正得到阅读快感的满足;阅读能力是学习的基础,是早期教育的重要任务之一,家长重视早期阅读有利于激发幼儿的阅读兴趣,培养良好的阅读习惯,形成自主阅读的能力,能为幼儿进入小学做充分的准备等。

2. 针对家长在早期阅读方面的困惑推荐相关书籍或方法

针对家长对早期阅读的疑惑,如"怎样为孩子选择适合的读本""怎样为孩子讲图书""孩子看书不专心怎么办""是否让孩子在阅读中认字"等,我们向家长推荐了指导幼儿早期阅读的书籍《我的图画书论》《幸福的种子》《好读本如何好》《大声读给孩子听》等,让家长了解图画书的发展,学习如何给幼儿选购和讲述图画书,以及在阅读过程中可能遇到的问题及解决方案。帮助开阔家长早期阅读的眼界,丰富家长对图画书选择和利用的经验,以及学习如何采用共读图画书的方式,让幼儿感受到爱和快乐。

(二) 引导家长创设适宜的早期阅读环境

幼儿阅读兴趣的有无、阅读能力的强弱,与图书的选择、阅读的空间创设、阅读的氛围有很大的关系。我们请家长围绕以上几方面进行了讨论,发现家长为幼儿选择图书缺乏目的性,较为随意,家长多以自己的审视角度或幼儿的喜好选择,较少去思考图书的内涵、价值和幼儿年龄、阅读水平等;多数家庭能为幼儿提供相对独立的阅读空间,但对空间的创设缺少思考;多数家长表示平时较忙,难以抽出时间陪伴幼儿阅读,尤其是中大班幼儿家长多采用鼓励幼儿自主阅读的方法,认为让幼儿安心地自主阅读是培养幼儿阅读习惯的好方法。为此,我们举行了"创设适宜的环境吸

引幼儿阅读"的沙龙活动,在互动交流中寻找方法,丰富经验。

1. 学会选书

合适的图书应该是符合幼儿的年龄特点和当前发展水平的、迎合幼儿阅读兴趣的读物。幼儿上小班时,可以选择一些故事内容生动有趣、情节简单、形象突出、画面清晰、色彩鲜明的图书。同时要装订牢固,纸质较厚韧,便于幼儿翻阅,如《我的连衣裙》《棕熊棕熊,你在看什么》《小猫当当系列》。中班幼儿的注意力是有选择性的,他们注重整体画面,不太注意细节,所以画面背景不能过于复杂,可以选择一些情节稍微曲折、具有重复段落性,以便于幼儿掌握线索结构,自主讲述,如《换一换》《兔子先生去散步》《快乐的森林舞会》等。到了大班时,图书的故事情节要相对长一些、复杂一些,画面蕴含艺术美,利于幼儿欣赏和创作,情节具有悬念和递进性,画面之间富有想象的空间,能引发幼儿猜测,如《城里最漂亮的巨人》《首先有一个苹果》《母鸡萝丝去散步》。此外,还可为幼儿选择一些知识类的故事书,以拓展知识面,促进幼儿的语言表达能力和思维能力的发展。

2. 设置舒适的阅读角

我们请家长以照片的形式呈现了幼儿的家庭阅读角,并介绍了关于构建阅读角的思考。通过交流,家长们认为,阅读角应设置在一个光线充足的房间或角落,幼儿应有自己的书桌和台灯。如果空间充足,可铺上卡通图案的软地毯,以便于幼儿席地而坐、放松自在地去阅读。图书的摆放因年龄而异。小班幼儿最好采用呈现封面的摆放方式,整体上给他们一种休闲和邀请式的环境感觉。可引导中大班幼儿对图书进行分类,张贴标志,便于幼儿自主管理书架和选择、取放图书。相信这样温馨、有序而又童趣化的阅读环境,一定会引发幼儿的阅读欲望。

3. 营造亲子共同阅读的环境

图画书的文字都经过精心挑选与整理,饱含艺术家们的情感与理性认识。这些温柔的、人性化的言语经父母亲用自己的口,一句一句地说给幼儿听,就像播下一粒一粒语言的种子。当一粒种子在幼儿的心中扎根时,亲子之间就建立起无法切断的亲密关系。可见,亲子阅读对幼儿发展的意义重大。而现在,家长虽然很重视早期教育,在教育上舍得投资,愿意为幼儿购置各种各样的书籍,却很少花时间陪他们读

书。我们统计了家长与幼儿共读图画书的时间、方式,发现家长与幼儿共读的时间段不固定,时间也不能保证,共读图书的选择较随意,缺乏目的性等问题。因此,我们与家长探讨了亲子阅读的计划,建议家长每天最好拿出15~30分钟的时间陪幼儿看书。开展"睡前故事"行动,父母坚持每天在临睡前与幼儿共读,把一本书平摊在妈妈或爸爸和幼儿面前,由父母声情并茂地朗读故事,幼儿一边看图,一边听,这也是最能拉近亲子关系的温馨时刻。同时,家长应重视自身的文化修养,把学习、读书作为自己生活的一部分。每天有一段固定的时间读书,只要读书,就要全神贯注地读。这样,幼儿耳濡目染,会渐渐养成爱读书的习惯。

（三）支持家长运用有效的早期阅读策略

在"家庭阅读策略研究"的座谈中,家长们非常赞同《幸福的种子》中的观点,即"图画书对于幼儿没有任何'用途',不是拿来学习东西的,而是用来感受快乐的",认为早期阅读中要多采用语言激励、动作激励、物质激励和提供读本表演创作等方法,充分激发幼儿阅读的积极性,让幼儿在阅读中体验快乐,产生自信,从"要我读"转化为"我要读"。如果家长急于求成或带有功利心,那么阅读活动对幼儿来说会是一段痛苦历程,从而让他们产生抵触和排斥的情绪。所以,我们要了解幼儿心理的发展过程和需要,用赏识的眼光看待幼儿的阅读,让幼儿快乐阅读,健康成长。

早期阅读是幼儿通过观察图书画面和成人讲述讲解达到对读物内容的理解,它需要在成人一定的指导下进行,所以家长的指导需要掌握科学的方法。为帮助家长正确理解图画书的教育价值,学习选择图画书、构建指导模式,我们开展了"读书沙龙"活动,通过搭建家园图画书的交流平台,分析和解决家庭指导阅读的误区和困惑,在共同学习专家、书籍理念,分享亲子阅读体验中不断提升家庭阅读的教育智慧。

座谈中,教师与家长探讨提升幼儿自主阅读兴趣和能力的方法。家长介绍了指导幼儿阅读的方法和体验,在互动分享中提升了家庭阅读的策略。① 探讨法:阅读"无字书"时,家长对画面呈现的悬疑线索故作糊涂,鼓励幼儿主动观察、寻找,根据画面线索探讨情节发展,自然地让幼儿与读本对话。② 延伸法:将幼儿的生活体验与读本的情节、角色进行联系,让幼儿走入情境,渗透思想品德教育。如《城里最漂

亮的巨人》《汤姆挨罚》等,引导幼儿思考"如果你是该角色,会如何做",从而引发幼儿推测情节的发展,投入到图画书的阅读中。③ 换位法:在坚持一段时间的阅读后,可让幼儿以愉悦的情绪复述,尝试为父母讲故事不失为一个好的策略。④ 情感引领法:家长提出大人应先读图画书,把握读本的情感脉络。如阅读《鸭子骑车记》时家长运用八种语气表现动物对鸭子骑车的不同态度,让幼儿在倾听中理解担忧、傲慢、不屑一顾、关心等词汇的含义。这也体现出家长应像幼儿一样有童心,必要的时刻应向幼儿示弱,提升幼儿阅读的兴趣。

二、家园共赏图画书

家庭阅读即亲子分享阅读,是在家庭情境中父母和幼儿共同阅读图画书的一种亲子阅读活动。亲子阅读是早期阅读的重要组成部分,是一种强调亲子间互动的阅读方式。亲子阅读需要父母的参与,父母通过图画书与幼儿进行有意识、有目的、更积极的对话,会使幼儿的情绪发展稳定,感受到外部环境的安全,同时带来心灵的安全。亲子阅读有利于幼儿语言表达能力的发展,促进幼儿社会化品质的形成,增进幼儿的经验和知识,培养幼儿的阅读兴趣和良好的阅读习惯,对于幼儿的身心成长具有特殊的意义。

目前,亲子阅读中还存在诸多问题。有的家长将阅读作为幼儿获取信息和知识的工具,忽略了幼儿阅读的兴趣和能力;家长对亲子阅读的"亲情"价值认可不足,过多地注重幼儿语言、智力的培养,而忽略了幼儿情感及良好阅读习惯等非智力因素的培养;随着现代生活节奏的日益加快,很多家长舍得花钱,但却舍不得花时间和幼儿进行亲子阅读,家长指导亲子阅读的知识和策略尚有缺乏,又或者把幼儿的阅读功利化,只关心他们识了多少字,而不是和其分享阅读的快乐……

作为家庭教育的合作伙伴,幼儿园有责任和义务为提升家庭阅读质量尽一份力,只有家园合作开展幼儿早期阅读教育,才能有效地帮助幼儿养成良好的阅读习惯,掌握正确的阅读方法,并培养对阅读的浓厚兴趣。为此,我们为亲子阅读的开展与推进做出了不懈的努力。

（一）大力宣传，提高家长对亲子阅读重要性的认识

要提高亲子阅读的实效，首先要提高家长对亲子阅读重要性的认识。教师首先对幼儿阅读特点、阅读指导策略等进行了系统学习，整合了众多专家学者的理念和实践的经验，举行了阶段性的家园沟通会活动。教师运用课件《让孩子在阅读中成长》、教师和家长的互动交流等方式让家长获取一些新的亲子阅读方面的教育理念。教师还结合经典幼儿图书向家长进行了推荐和阅读指导，如《幸福的种子》《我的图画书论》《世界图画书阅读与经典》等适合家长提高阅读认识和阅读活动水平的指导丛书，帮助家长明确阅读对幼儿发展的价值，同时也让在此方面有感触的家长现身说法，谈一些自己的体会，通过这些努力使家长对亲子阅读的重要性有了深刻的认识，为家长和幼儿的共同阅读打开了一扇窗户。

图5-3 教师正在向家长介绍经典幼儿图书的识别和选择

（二）搭建交流平台，提供家长阅读经验分享

在与家长的沟通交流中，我们发现家长的阅读指导水平参差不齐，其中既有很多有着深度思考的家长，也有许多充满困惑的家长。因此我们开展了多种形式的"家园图书鉴赏"活动，为家长搭建讨论、互动、分享经验的平台，共同探讨适合家长开展"亲子阅读"活动的指导策略，提高家长在亲子阅读方面的整体水平。

1. 发挥家长引领作用，示范亲子阅读

让家长感受亲子阅读的美好和乐趣，发现幼儿在亲子阅读中的快乐，从而促进亲子阅读活动的开展是我们提升家庭亲子阅读质量的起点。通过日常观察和对幼儿阅读水平的了解，教师选定了几名小朋友的家长作为亲子阅读的示范者。教师提前与这部分家长就活动目标、活动的具体要求进行了互动，与家长共同研究图书讲

述的技巧,做好示范阅读的充分准备。几位小朋友的妈妈分别以《我永远爱你》《我长大以后》《小魔怪要上学》《我要大蜥蜴》等图书与幼儿共读。妈妈们善于运用讲述的策略,如首先抛出问题引发幼儿的阅读期待;讲述中语气委婉动听,能模仿出故事中人物的不同特点,时而随着人物笑,时而与人物共同着急,融入到了故事的角色中;讲述后能结合故事进行适宜的提问分析,起到了良好的示范作用。妈妈们与幼儿亲切的互动赢得了家长的掌声!许多家长说:"亲子阅读是要有准备的,要把自己的情感融入讲述中,来带动孩子的情感";"我应该多和孩子一起读书,这个时刻孩子是多么渴望,与孩子读书是一种享受"!

家长的示范激起了更多家长对亲子阅读的兴趣,亲子阅读成为融洽亲子关系的润滑剂,更多的家庭开始沉浸在亲子阅读的快乐中。

2. 共享选择图画书的困惑和经验

在"家园图画书鉴赏"系列活动中,我们向家长发放了阅读情况调查表。通过统计和分析发现,不会选择图书或图书选择不当是影响亲子阅读质量的重要因素,也是影响幼儿阅读兴趣的关键。

图画书阅读牵涉到幼儿的知识经验、认知水平,家长为幼儿选书,既折射出家长本人的价值和审美取向,也反映出家长对幼儿知识经验、认知水平的把握程度;面对种类繁多的图画书,家长往往难以做出合适的选择。部分家长不懂得因材施教,看别人有什么,自己也买什么,而不考虑幼儿的心理特点;很多家长在为幼儿选图画书时,一味从自己的主观愿望出发,而忽视幼儿自己的兴趣爱好。于是我们以教师为主导,邀请家长带着自己家中的图书走进幼儿园,开展相互交流和分享活动,在倾听、辨析和共享中提升分辨、选择图画书的能力和水平。

(三) 创设环境,交流亲子阅读的指导方法

教师选择了主题适宜、适合幼儿生活中运用的图画书,通过细致的分析与解读帮助家长改变阅读教育观念。

1. 如何选择图画书

作为"人生的第一书",图画书已被全世界公认为是最适合幼儿阅读的图书,但是图画书也有品质高低之分,有插图的书不等于图画书。好的图画书是一种文字与

图画相结合的艺术品,语言简洁、规范、生动、优美,有重复的结构,情节令幼儿着迷,让幼儿有所期待和发现;画面大,色彩原汁原味,绘画富有艺术性和表现力,有丰富的细节等待幼儿去发现,充满想象力;能与幼儿已有的生活经验联系,激发幼儿的阅读兴趣,引起他们的共鸣。在与家长的交流中,教师特别强调选择图画书要重视绘画的艺术品质,只有高品质的图画,才能培养幼儿好的想象力。当然,图画书里的图画不是独立的绘画艺术,它的作用是要在幼儿心中创造一个立体的故事世界,在注重艺术性的同时,更要重视绘画表达故事的功能。除此以外,图书翻译、编辑质量、装帧、设计和纸质等因素也应作为选择图画书的重要标准。

另外,我们要根据幼儿的年龄特点、兴趣爱好进行选择。优秀的图画书蕴含了多样的社会生活内容,渗透了丰富的人类情感经验,但是受年龄特点和生活经验的影响,不是所有的图画书都适合幼儿,只有符合幼儿的阅读水平和生活经验才是最适宜的。受遗传、家长教养方式、家庭生活环境等因素的影响,幼儿的性格差别很大,因而使得幼儿的兴趣也有很大的不同,对图画书内容的喜好也不同,因此家长还要细致分析幼儿的特点,有目的地进行选择。

在家长的互动中,有部分家长对图书的认识非常深刻,选择也十分理性,他们从日常对幼儿的成长关注和密切互动中发现,图书的选择首先来源于幼儿的兴趣和成长过程中每一阶段的需要,图书的提供和讲述对幼儿的个性发展、学习能力培养起到事半功倍的作用。他们推荐的《花婆婆》《爱的教育》《神奇校车》《法布尔昆虫记》《大脚丫跳芭蕾》《不要睡觉,赛丽》《三个问题》《爷爷我为什么不能做我想做的事情》《汪汪》等,无不充满了父母对幼儿的关爱和成长过程中的细致关注,给其他家长带来了很多启发,值得其他家长借鉴。大家一致认为:阅读对幼儿来说应是一件快乐的事情,图画书中的插画应有利于幼儿观察力和想象力的发展,"形"重于"色",色彩和图像要真实。家长们还推荐了许多优秀图书,如"查理与劳拉"系列、《不一样的卡梅拉》《能干的小海狸》等,还有热心的家长下载了众多优秀图书的书目与其他家长共享,供他们参阅。

在"家园图书鉴赏"活动中,许多家长表示自己也购买了若干优秀图画书,却苦于缺少有效的亲子阅读策略,阅读的指导策略主要是来自于自己的摸索,是一种比

较随机的教育,所以在开展亲子阅读时针对性差,缺乏有效控制。家长们表达了自己的困惑:我想培养幼儿自己读书的能力,可是他总要缠着我给他讲;亲子阅读就是家长读幼儿听吗?怎样培养幼儿的主动性?等等。于是一些具有亲子阅读经验和成功体验的家长介绍了自己的心得,给更多的家长带来了学习的契机。

家长们围绕着"亲子阅读的方法和策略""阅读中提问的适宜性把握""家长在亲子阅读中的作用"等内容开展了热烈的讨论,家长们相互解答,充分互动,我们也适时参与到其中,帮助家长梳理观念,进一步提升了家长亲子阅读的认识和水平。

2. 如何对待幼儿的早期阅读行为

阅读是幼儿了解自然与社会,获得知识和经验的主要方式。我们建议家长不能生硬地要求幼儿开展阅读,不要在乎他们在阅读中学到多少知识,而应让他掌握一些与阅读活动有关的准备技能,最主要的还是培养阅读的兴趣,养成阅读的良好习惯,从而为今后的正式阅读打下良好而坚实的基础。

家长要以积极的情绪参与幼儿的阅读。我们建议家长多用激励法来指导幼儿阅读,努力为幼儿创设一个互动、轻松的亲子阅读氛围。首先,家长要鼓励幼儿独立思考、大胆想象;其次,家长要鼓励幼儿在操作中发现、表达;最后,家长要在合理设计期望值的前提下,提供给幼儿可以充分进行创造、思考和想象的阅读环境,使幼儿在过程中感受阅读,在结果中升华阅读。

3. 如何促进幼儿与图书的互动

我们建议家长鼓励幼儿与图书、文字进行创造性的互动。家长要努力激发幼儿的创作动机,支持幼儿的创造性思维及言行,努力为幼儿提供多层次、多维度的阅读情境,使幼儿在自己的思维空间里思考、解决问题,允许幼儿有自己的想法和独到的见解。

我们建议家长在家为幼儿建立一个阅读区,环境相对安静、明亮,图书放置便于幼儿自由取放,同时,让家长为亲子阅读活动建立一个阅读档案,将亲子共读的图书名称、主要内容及幼儿反应记录下来,避免一味地选择同一类型的图书,也方便家长比较幼儿的表现和发展。

我们建议家长用多种方法指导幼儿阅读。在亲子阅读过程中,指导幼儿阅读的

方法很多,家长可以根据幼儿的不同个性和年龄采取不同的方法。比如朗读感受法,家长可以将静止的画面、无声的文字化为有声的语言,通过听觉的途径来满足和实现幼儿阅读的愿望和需要;观察理解法,家长可以通过引导幼儿观察图片的色彩、形状、文字,配合适当的讲解来帮助幼儿理解,帮助幼儿获得观察的技巧和阅读的方法;故事表演法,家长和幼儿可以以作品中的人物、情节和场景为基础,分别扮演不同的角色,通过对话、动作、表情再现故事内容,这是深受幼儿喜爱的阅读方式,但是必须在幼儿理解故事内容的基础上开展;创编情节法,家长可以有意识地讲不完整的故事,引导幼儿根据作品提供的线索进行创造性的想象并创编,发展幼儿的创造性思维;补漏改错法,家长可以有意识地将作品中的有些内容讲错或漏讲,引导幼儿通过倾听来发现、补充或更正;独立阅读法,家长可以为幼儿创造一个温馨安静的阅读环境,让幼儿独立翻阅图书,当然这种方法更适合年龄大的幼儿;讨论交流法,家长可以与幼儿就阅读内容展开讨论、交流想法,扩大幼儿的知识面和想象空间,从而促进幼儿语言和思维的发展。

(四)倡导早期阅读研究日常化,形成家庭阅读长效机制

在"家园图书鉴赏"活动中,除了家长和教师、家长和家长之间阶段性的鉴赏活动之外,我们还通过多种途径丰富家长的亲子阅读知识,使"家园图书鉴赏"活动走向了日常化,有效提升了家庭的阅读质量。

1. 开辟班级专栏,传递阅读信息

让阅读成为每个家庭的一种生活方式是我们所追求的目标。为此在每个班级的家园栏中分别设立了"教师推荐的图书"和"家长推荐的图书"专栏,由教师和个别家长根据班级主题实施的需要、幼儿当前的需要等,将自己认为有价值、对幼儿发展有意义的图书阶段性地推荐给教师、幼儿和更多的家长。这种家园共享活动为家长和幼儿的共读打开了一扇窗户,提高了家长对亲子阅读的认识和阅读指导水平,实现了幼儿阅读水平的最大化发展。

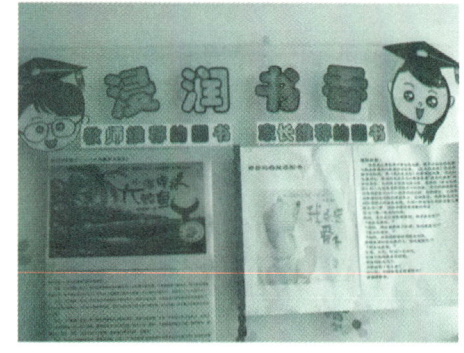

图5-4 班级家园栏中分别设置"教师推荐的图书"和"家长推荐的图书"专栏

2. 开展家长进课堂,小组图书讲述活动

为最大限度地发挥部分家长选择图书、亲子讲述图书的优势,我们每周采用自荐和教师推荐的方式,邀请家长走进课堂,采用自选或教师推荐的图书进行幼儿小组阅读活动。家长进课堂讲图书给幼儿带来了多元化的阅读体验,也成为幼儿们每周最盼望的事情。

图5-5 孩子们正在聚精会神地听家长讲故事(1)

图5-6 孩子们正在聚精会神地听家长讲故事(2)

3. 开展班级图书漂流活动

为达到家庭图书资源的共享,使家庭图书资源发挥最大化优势,让阅读真正成为幼儿生活的一种方式,我们在每个班级开展了班级图书漂流活动,请家长和幼儿共同筛选图画书,从家中带来与主题相关的或有意义的图画书。家长们非常支持,带来了很多高品质、优秀的图画书供幼儿分享阅读。每本图书都放在文件夹中,配有借阅卡和阅读感想本。幼儿可每周一次从中选择自己喜欢的图画书,填写好借阅卡将其带回家中与父母共同阅读,在家长的帮助下将幼儿的读后感记录在感想本上并带回班级。图画书的内容和种类是动态的、变化的,在日复一日的循环往复中,图

图5-7 幼儿正在挑选自己喜欢的图书(1)

图5-8 幼儿正在挑选自己喜欢的图书(2)

书资源得到共享,浸润在书香中的幼儿是幸福的。

4. 开展"诗情画意"故事会活动

为营造书香校园,创建浓厚的全园共读图画书的氛围,我们每周开展全园性的故事会活动。由有兴趣又擅长图画书讲述的家长自愿报名担当故事会版主,由热心参与的家长带领幼儿到指定地点共同参与集体性的听故事活动。我们将这项活动命名为"诗情画意"故事会活动。"诗"是实验幼儿园"实"的谐音;"诗情"代表的是实验幼儿园立志于推广图画书、提升家庭阅读质量、促进幼儿全面发展;"画"指的是"图画书",我们要通过推广丰富的图画书阅读使幼儿观其画、解其意、促发展。"诗情画意"故事会活动得到了家长和幼儿的大力支持,每周都有家长积极参与讲图书,听故事的人也不断增多。更多的幼儿感受到这种优质的亲子共读活动,更多的家长学习到高水平的阅读讲述技巧,为自身开展优质的亲子阅读活动提供了指引和帮助。

图5-9 郑好小朋友的妈妈给我们带来了故事《懒奥西》,郑好妈妈讲得可真生动,她告诉我们不能随便欺骗自己的妈妈或者好朋友,那可不是聪明的表现

图5-10 陈逸如小朋友的妈妈给我们带来了故事《汤姆的噩梦》,她讲得可真精彩。兔子汤姆做了个可怕的噩梦,而我们听了故事就不会害怕噩梦了,哈哈

图5-11 整个故事会,小朋友和家长们听得可认真了,虽然人很多但是没有一点声音,因为我们都是爱听故事的人

图5-12 听到精彩之处,小朋友们和家长们的脸上都露出了快乐的笑容

5. 设立"书香小屋"，共享图书资源

家长是幼儿阅读的重要他人，让家长和幼儿浸润在书香的环境中是我园倡导的亲子共读的主张。每个家庭都有幼儿阅读的图书，其中有一些是幼儿已经不再读、闲置的图书，为使这部分图书能够流动起来，发挥资源共享的作用，使闲置的图书得到再利用，我们创设了"书香小屋"，引导家长和幼儿将图书捐赠至公共阅读区，全园共享图书资源。当爸爸、妈妈和幼儿步入其中共同阅读时，不仅提升了阅读的品味，而且在一定意义上促进了父母与幼儿之间的亲密关系。

图5-13　书香小屋

幼儿的智力取决于良好的阅读能力。阅读能力形成得越早，幼儿的综合能力发展得越好。我们将帮助家长把心里的爱化为行动、化为语言，使幼儿尽早地体验到阅读的乐趣，让其终身受用不尽，让书成为他们终身的良师益友。

第三节　在"公共阅读区"

幼儿园中的"公共区域"是指幼儿园内相对独立班级和幼儿园相关工作部门之外的，大家可以公用的空余场地，如走廊、大厅、阳台、操场等。将这些公用的场地设置成可供幼儿自主、自由活动的区域，便成了幼儿园的"公共区域"。

我园结合园区的特点，因地制宜，充分利用公共空间，创建了各具特点的"公共阅读区"。

图 5-14　阳光分园公共阅读区　　　　　图 5-15　曙光分园公共阅读区

阅读需要大环境的浸润，让书香气息充溢于幼儿生活的每一个空间，让他们时时感受阅读的氛围，处处都有阅读的机会，才会让阅读成为幼儿的内在需求，成为滋养他们成长的"养分"。"公共阅读区"的创建，为幼儿随时阅读提供了可能，为幼儿打破班际自由阅读提供了自主空间，更为家长与其一起阅读提供了支持。

一直以来，很多人认为阅读仅仅是成人的事或者片面地认为幼儿阅读就是他们自己读书，其实不然。对幼儿来说，"阅读更多的是来自于妈妈动听的讲述和对美丽图画的阅读享受"。松居直先生告诉我们："对所有的孩子来说，图画书不是用来读的书，而是由别人来读，自己用耳朵来听的。"正因为是家长读给幼儿听的书，所以对幼儿来说图画书才有重大的意义，在轻松自然的氛围下，家长和幼儿通过各种方式共同阅读，想象一下幼儿听家长读书的心情吧，这恐怕是最幸福的时刻了！

现在，"亲子共读"已经成为教育界推荐的重要阅读方式，它不再局限于家长读给幼儿听，幼儿也可以读书给家长听；亲子"读书"的形式也变得丰富多样起来：表演、图画、手工等多种形式都可以称之为"读"。家长和幼儿在一起"选书—读书—聊书—再选读"的循环过程中，共同体会着这种"最佳说话方式"所传递的喜悦、幸福与快乐！

然而，我们发现亲子阅读现状令人担忧：大部分家长因为工作忙碌，与幼儿一起读书的时间几乎没有，家长所做的只是将图书"堆"到幼儿的面前，让他们自己去读，能够真正了解亲子共读对幼儿发展具有重要意义且将"亲子共读"作为家庭重要活动的少之又少。

为了激发家长对亲子阅读的关注，引导家长体会亲子共读对密切亲子关系的特殊意义,我们通过多种方式引领家长参与到亲子阅读中来。其中,通过创建"公共阅读区",改变亲子阅读现状,增进亲子阅读关系,让读书的幼儿和家长共同获得快乐的、深切的阅读幸福体验,成为我们最重要的初衷。

 一、营造家庭般的公共阅读区

家,是安全的港湾,是让人放松的空间,只有在家中,幼儿才会全身心放松和投入做事。为了能引发幼儿和家长对公共阅读区域的关注,激发其进入区域阅读的愿望,我们在公共阅读区域的硬件创设上努力营造一种如家庭一般温馨、自在、放松的感觉:低矮的书橱如家中自己的小橱柜,幼儿随手取拿图书,随心阅读;造型流畅、颜色鲜艳的皮质沙发,配以柔软的棉质靠垫,带给幼儿视觉吸引,从色彩和造型上让幼儿和家长感觉活泼、温馨;为了让家长和幼儿充分放松,公共阅读区铺设了彩色软塑胶地板,周围摆放上一束束淡雅的绢花栅栏,一家人脱掉鞋子盘坐沙发或怀抱棉枕坐于地上静静阅读,家庭一般的氛围让幼儿从心里接纳并喜欢,为他们参与公共阅读创设了无比宽松的心理环境。

 二、丰富书源,保持公共阅读区域的吸引力

书,是阅读的载体,优秀的儿童图画书,是吸引幼儿沉浸阅读的"源泉"。公共阅读区创建初期,图画书定期从幼儿园图书馆选择、投放,确实吸引了一部分幼儿和家长阅读,可是时隔不久我们发现,阅读的人数逐渐减少,阅读区中的图书无人问津。经分析,问题症结主要是:幼儿园提供的图书种类和内容局限,更换周期较长,图书不能满足幼儿的阅读需要;另外,我园幼儿每周都在园级图书馆借阅图书,而由园级图书馆提供的图书,难免有一些是幼儿曾经借阅过的,图书缺乏新意,因此也就难以产生长久的吸引力。

如何改变现状?我们请教师和家长们集思广益,最终决定尝试"家庭参与"的方式,为公共阅读区发掘全新阅读用书。幼儿园发出倡议,班级爱读书的家庭自愿报名提供图画书,并将图画书汇集于公共阅读区,开展"书香家庭图书展读",每月由几

个"书香家庭"共同举办。"书香家庭"的参与,大大改善了公共阅读区的亲子阅读现状:在"书香家庭"的邀请和推荐下,亲子阅读的参与度显著提升。

晚上离园时间,公共阅读区便坐满一起读书的家长和幼儿。

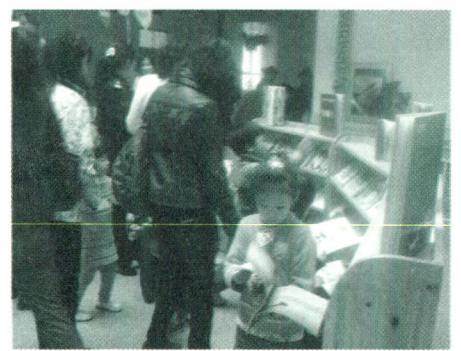 

图5-16 晚间离园时幼儿与家长在公共阅读区中自主选书　　图5-17 在公共阅读区中,幼儿、家长投入、专注地阅读

亲子共读,伙伴共读,老人、年轻的父母同幼儿偎依相拥,共读好书,一种浓浓的亲子情、书香情在悄悄荡漾。令人意想不到的还有,"书香家庭"越来越多,幼儿和家长主动翻阅家中的藏书,争取将最好的图书推荐给大家,家庭中亲子共读的频率在增加。

三、在阅读中提升亲子阅读水平

温馨、富有吸引力的公共阅读区,充分调动了幼儿读书的主动性,爱阅读的幼儿日益增多,在幼儿的带动下,越来越多的大朋友也成为公共阅读区内的"读书虫"。我们在被大家的阅读热情所感染的同时,也在仔细观察、分析亲子阅读状态,期望能够随时支持亲子共读中的需要。

（一）亲子共读现象解析

我们通过与家长交谈、对公共阅读区日常亲子阅读状况进行观察与分析发现:家长和幼儿不同的共读方式,直接反映亲子关系质量以及家长的教育理念的差异,不同的共读方式给亲子共读带来了直接影响,我们发现亲子阅读中"放任式""干预式"的现象尤为突出。

亲子阅读典型行为分析:

1. 放任式

幼儿自己在公共阅读区内读书,家长虽然坐在其身边,却是在看手机、讲电话、聊天、看报纸,当幼儿发出邀请,想要家长讲故事的时候,他们又经常会说:"你先自己看,我有事。"

解析:这样的亲子阅读,亲子之间只是形式上的陪伴,缺乏心灵的沟通,家长不关注、不善于聆听,对幼儿合理的阅读要求敷衍、搪塞,若长久下去,亲子关系会逐渐疏离,缺乏亲密。

2. 干预式

家长试图左右幼儿选书的倾向,想让幼儿选择满足成长需求的"优秀图书",忽视幼儿个体的意愿,在亲子阅读过程中不断提问,"郑重其事"地教育幼儿:"这本书讲了一个什么道理?你要像……一样……"家长的提问让原本放松、愉快的阅读变成了令人沮丧的"教育",大大影响了幼儿阅读的兴趣。

解析:家长的权威性过强,习惯性地主导幼儿的活动并将阅读当成了一件"功利"的事情。这一类型的亲子关系缺乏平等与尊重,忽视幼儿个体需求的亲子阅读,即便是在一个宽松、自主的环境中,也无法真正让幼儿放开自我,体味到阅读的快乐。

我们创设公共阅读区的初衷不是形式上的开放,而是希望通过亲子阅读促使亲子之间建立更加平等、更为亲密的关系,在共同阅读的经历中家长和幼儿进行心灵的交流,家长将更好地了解并理解幼儿的需要。

(二)优化亲子阅读指导策略

为了解决亲子阅读中的问题,增进亲子关系,我们采取了举办"家园读书沙龙"、提供"亲子共读建议"、好书推荐、图画书阅读体验分享的支持策略。

1. 举办家园读书沙龙,提高家长鉴赏图书的能力,为家长提供直观的亲子阅读经验

我们将班级部分亲子阅读的优秀家庭汇集在一起,连续举办小、中、大不同年龄阶段的"亲子阅读沙龙"。沙龙活动中,我们向广大家长介绍不同年龄段幼儿图书的选择要点,并通过家长读故事、亲子共读现场展示的方式,让大家获得亲子共读适宜

的互动方式。活动收到了非常显著的效果,获得家长好评。

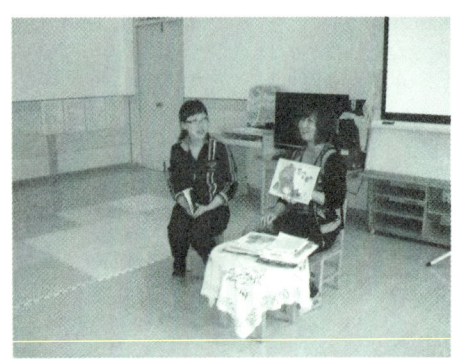

图5-18 家长介绍自己在为幼儿选书过程中的心得

图5-19 开展"家园幼儿读本鉴赏交流活动",家长分析讨论适宜幼儿阅读的图书特点

图5-20 个人、小团体的亲子共读为家长提供有益的阅读经验(1)

图5-21 个人、小团体的亲子共读为家长提供有益的阅读经验(2)

2. 提供亲子共读建议

我们在阅读区内向家长提供了"亲子共读建议",清晰呈现亲子阅读过程中家长需要重点关注的事宜。如,图书选择与幼儿年龄的适宜性、亲子阅读过程中肢体动作带给幼儿的心理感应、阅读过程中家长读书语言应注意的方面等。从专业的角度为家长提供亲子共读建议,以期逐渐改善亲子阅读中的不适宜行为。

3. 好书推荐,增强阅读目的性

"好书推荐"专区为阅读者提供了直接引导。我们每月推荐优秀图书,尤其在新书投入期间,这个栏目将优秀的图书向幼儿和家长充分展示,有效增加了亲子阅读频率,也促使优秀读本充分共享。

4. 记录"读书心卡",分享图书体验

我们设计了"读书心卡"投放于公共阅读区中,目的是鼓励参与阅读的家庭回

顾、体味阅读的感受,将自己的想法记录下来,通过图画书与下一位读者进行分享传递,同时也为提供图书的家庭留下一份"美好回忆"。

图5-22 读书心卡

每一张"读书心卡"都附有心卡寄语:亲爱的家长朋友、小朋友们,你们好!一家人能一起读书是一件多么幸福的事情呀,请你们一定要把这种幸福延续下去啊!小朋友们,把你读书后的想法告诉更多好朋友,让我们共同分享读书的快乐吧!

亲子阅读后可自愿填写"读书心卡",幼儿自主表达阅读感受,家长记录其真实语言,然后将"读书心卡"夹入所阅读的图画书中,将阅读感受与其他阅读者分享。

图5-23 个体家庭阅读后幼儿表达阅读感受,家长协助记录

图5-24 家长志愿者带领小组幼儿一起读书,填写读书心卡

现在的公共阅读区俨然成为不同班级、不同家庭的幼儿与家长之间自由交流的空间。它成为连接家长与幼儿、幼儿与幼儿、家庭与家庭之间沟通的桥梁。

每当听到家长和幼儿读书的低低细语,看到更多的家长投入、认真地为幼儿声声诵读,我们不仅再次回味教育家卢梭的话:"生命不在乎长短,而在乎深切体认。"

我们真切地希望亲子阅读能在共读者的心里留下那"深切体认"。

图5-25 小团体幼儿在亲子阅读中实现经验共享

图5-26 直观的形体语言增进亲子阅读的体验

四、在"小剧场"

儿童研究学者丁海东先生认为:因为儿童自觉的理性意识以及抽象概括能力不发达或不成熟,相应地,感觉投入、动作参与、身体的直接体验则是他联结自我与外部世界的基本方式。图画书阅读也是如此,除了看、听、说等,表演也是一种生动的阅读形式,"表演"可以将幼儿与图画书联结起来,在多感官的参与下,深化幼儿对图画书的理解。而且对幼儿来说,图画书不仅是可以阅读的,还是可以表演的,当我们引领幼儿在图画书的世界里徜徉时,他们就已经开始悄悄地、声情并茂地表演图画书中的角色了。如在阅读蟾蜍和青蛙系列之《好朋友》一书时,他们好奇地模仿角色的表情、动作,甚至角色的对话语言也在不自觉中走进了幼儿的日常生活。

1. 开辟"小剧场",吸引家长参与表演

图画书表演需要更多人的参与,在此过程中思想、行为、语言的交流和融合,将使每位参与者获得更多的意义与联系。家长们在亲自参与、分享表演中,不仅对图画书会有新的认识,树立科学的阅读理念,拓展家庭阅读的视野,而且也能更好地了解幼儿、增进亲子间的情感交流。教师更加希望幼儿能选择自己喜欢的图画书与同伴或家人表演,因为这对他们来说也是一个不小的锻炼和挑战。他们要在表演中学会思考,学会创设表演的情境,学会合作和理解。这种在行动中获得的收获,远比从图画书本身获得的要多得多,而且才是从真正意义上"拥有"了属于自己的图画书。

为此，在幼儿园开展多种形式的阅读活动的同时，我们开始鼓励幼儿同伴间或家长与幼儿开展绘本表演的"小剧场"活动。

2. 全体总动员创建小剧场，体验合作的力量

首先，创设"小剧场"舞台。在公共大厅内选择适宜的空间为各级部搭建表演的舞台，并提供基本的环境材料，如挂饰、橱具等。其次，鼓励家长、幼儿积极参与创建过程。如收集、制作表演道具，有的家长网购了各种动物头饰、体饰，有的家长利用自己的特长，带动幼儿一起运用废旧材料制作表演道具，如花草、大树、房子等。再次，为"小剧场"征名。他们纷纷为小剧场取名，如喜洋洋、太阳花、大风车、小白帆等，在众多的征名中，教师选取了幼儿比较喜欢的名称，并共同赋予其更加丰富的寓意。最后，明确"小剧场"公约。为规范小剧场的使用，最大化地发挥其作用，教师与幼儿共同商讨确立了小剧场使用规定，并以幼儿绘画表征的形式呈现在显著的位置，如要爱护表演道具、用后放归原处，预约报名的程序、小剧场开放时间等。另外，为使更多的家长及时了解小剧场演出的情况，演出的幼儿或是在教师的指导下与同伴合作绘制演出海报，或是与家长一起绘制表演剧目的海报（幼儿绘画表演内容、角色名单、表演时间等）张贴在幼儿园门口，以吸引同伴前来观看。

图5-27 幼儿园公共走廊内，教师们为幼儿营造了色彩显眼、生动有趣的表演情境

图5-28 家长积极为小剧场提供各种表演道具

图5-29 每一张海报都蕴含着幼儿们辛勤的付出和努力

3. 在亲身体验与问题解决中获得提升

在亲子、同伴表演的过程中,我们遇到了诸如选材适宜性、合作有效性、指导评价针对性等方面的现实问题。这些问题的出现与解决无疑会有利于家长、幼儿、教师对剧本(图画书)的深刻理解,剧本到表演之间的转化技巧以及如何调动、发挥表演者的情感和智慧等方面的经验积累,彼此间获得更多的感悟和体验。

如当发现小班亲子表演的内容为《守株待兔》时,教师没有直接告知家长选择的内容不适宜,而是通过录像与家长分析幼儿表演中的问题,引导家长发现问题存在的原因,即表演内容完全由家长来确定,忽视幼儿的兴趣需要。当发现大班亲子表演《猜猜我有多爱你》时,幼儿与家长仅仅通过一问一答的方式再现图画书中的经典词句,导致台下的幼儿并不感兴趣。幼儿观众是最好的"评论家"——"他们表演得没有意思"。怎样能打动幼儿呢? 教师进行了及时的示范表演,不同的是教师的表演突出了角色的语气、表情,甚至是夸张的动作,即感觉的投入、动作的参与,使幼儿感同身受一般融入故事情境中。此过程转变了"没有情节、故事简单不好表演"的错误理解,让幼儿、家长在对比感受中,再次领略了故事的主旨。

另外,在亲子表演中,家长感到最为头痛的问题是:表演过程中的合作问题、指导评价问题。合作不仅是同伴的合作,更是家长与幼儿的合作。由于先天的"优越感",家长在表演中总是占据评价者地位,对于幼儿创造性的理解和表现不能予以倾听和肯定,更多关注表演的流畅性,指挥幼儿表演的现象较为严重;有些家长在幼儿面前不能放开自己,语言、动作拘谨、呆板,机械表演的痕迹较明显,不能感染幼儿积极参与等。针对这些问题,我们一方面鼓励家长带幼儿到"海尔话剧团"观看经典故事表演,如《木偶奇遇记》《白雪公主》等,在亲子欣赏、评价的过程中,丰富表演的经验;另一方面,鼓励家长之间互相分享经验,分享家长资源。如在图画书欣赏阶段如何激发幼儿表演的兴趣;表演准备阶段家长如何调动幼儿参与的积极性和创造性,共同开展材料、道具的准备、场地布置以及海报制作等环节;表演中家长如何把握指导、评价的度,与幼儿共享评价的权利,保持与幼儿适度的距离,使幼儿在获得认同感的同时体验合作的力量。

图5-30 爸爸成功地扮演了狐狸的角色,表演《小熊请客》得到了小朋友的喜欢

图5-31 中班幼儿在表演故事《铁皮鸭》,家长的参与提高了幼儿表演的兴趣,并赢得了观众的认可

4. 共享快乐时光,感受参与价值

每年结合4月份"阅读节"、"六一"以及"元旦"庆祝活动等,幼儿园开展"小剧场"巡回演出活动,级部之间、家长之间相互分享和学习。幼儿在表演中体验着付出、合作与分享的快乐,家长则在教师的协助下及时总结参与表演、指导的体验和收获,深层次思考遇到的诸多问题,从而树立起科学的教育理念,提高了亲子互动的质量,真正体验到了"共同成长"的快乐。以下是一位家长参与"小剧场"活动的感想。

附:

欢乐、笑声满校园

——参加亲子表演活动有感

亲子表演通过家长与孩子共同演绎故事,将语言教学、故事表演、亲子游戏三者有机结合起来,为孩子提供了一个提高语言表达能力的机会,同时有助于消除孩子内心胆怯,培养大方、勇敢的品质。

亲子表演的活动中,孩子们学习用艺术的语言来表达丰富美好的情感,家长的积极参与,增加了老师与家长之间、家长与家长之间、家长与孩子之间相互理解、沟通和交流,同时使家长们能够更好地观察、解读孩子的表现,为其童年留下美好而又难忘的记忆。

孩子在幼儿园已经度过了一年半的时光。作为一个家长,我参与了几个亲子表演节目,比如《下雪的冬夜》《彩虹色的花》《丑小鸭》等。尤其是最近圣诞节的《丑小鸭》亲子表演,让我感触颇多。

《丑小鸭》亲子表演结束后,所有参与的家长都有这样的活动感想:在活动中,家长不仅自己痛痛快快地玩了一次,找到了久违的童年感觉;而且通过这样的活动,也能了解到孩子在幼儿园的更多生活以及在活动中表现出来的喜好与能力,在为孩子自豪的同时对孩子的了解也更多了。

据我了解,虽然能真正有时间报名参加亲子表演活动的家长不算多,这主要是因为工作忙的原因,但几乎所有的家长都认为亲子表演是一个非常好的活动形式。我想这其中的原因大概有三点:

一是现在的孩子大多都是独生子女,由于家庭居住环境的特殊限制,很难有父母一代小时候一大帮孩子一起玩的体验。亲子表演活动,就能给孩子们提供这样的机会。在亲子表演中,孩子们不仅能自如地展现自己,而且有他们心中感觉最亲的人在一旁观看或共同参与表演,因此孩子们的安全感和自豪感都能得到最大的满足。对家长而言,置身于这样的环境,与自己的孩子一起表演,或者在一旁看着孩子表演,心中都会洋溢起一股浓浓的亲情,十分温馨。

二是家长们平时大多都比较忙,没那么多时间陪孩子玩,孩子感到孤单、无趣。亲子表演的活动,使家长放下手中的事务,和孩子一起排练、一起开心、一起欢笑。不仅孩子们乐了,家长们也着实乐了一回。就是在亲子表演结束后,孩子们都还沉浸在兴奋之中,不愿脱下演出的道具服装。通过亲子表演的活动,让孩子们看到了爸爸妈妈往常严肃的外表下那好玩的天性,同时也让孩子们体会到爸爸妈妈并不会因为繁忙的工作就将他们遗忘,从而使孩子们从心底深处与父母心贴心。

三是提供了家长之间进行交流的平台。平常家长们都忙于各自的工作,加上彼此之间不太熟悉,每天接孩子的时候又都匆匆忙忙,虽然对教育孩子有很多困惑之处,相互却很少进行交流。在亲子表演排练过程中,在谈笑之余,家长们自然而然地就孩子教育问题交流起来,并对孩子在活动中表现出来的问题与老师也进

行了及时沟通。这不仅对家长全方位地了解自己的孩子十分有益,对家长解决孩子教育中出现的问题也不无启发。交流与沟通,不仅在家长与孩子之间十分重要,在家长与家长、家长与老师之间也是必要的。而亲子表演活动,就创造了这样一个平台。

在参与了几次亲子表演活动之后,虽然感觉有些累,付出了很多,但孩子们的回报同样很多。今后还会有很多亲子表演的活动,我还会积极参与的。

一直很喜欢实验幼儿园的教育理念,一直很喜欢实验幼儿园的高素质教师队伍,一直很喜欢实验幼儿园的艺术氛围。最后,真的很感谢幼儿园的领导和老师们,能给孩子和家长们提供亲子表演的机会。我想说,对孩子来讲,没有什么比快乐更重要;对家长来讲,没有什么比看到自己的孩子快乐更重要。

图 5-32　孩子们聚精会神地观看《睡美人》

图 5-33　家长投入的表演将幼儿带入到童话世界

主 审 点 评

当我们的图书馆课程资源由仅为幼儿设计的机构教育活动延伸到家长参与的综合活动,由幼儿园班级延伸到家庭,幼儿身边的家庭图书馆就开始成为学习探究的对象,成为学习的场所。"公共阅读区"中幼儿与家长的阅读氛围显得如此温馨自然,家长成为图书馆课程资源建设的自然卷入者;"家庭书屋"的评选搭建了图书馆课程资源在幼儿园和家庭得以分享的平台,图书资源得以在家庭与幼儿园之间自然流动;"小剧场"的巡回表演将课程资源从静态走向动态,表演令图书馆课程资源的利用与分享变得立体而灵动,家长成为图书馆课程资源建设的有效参与者。

图书馆课程资源库实现了幼儿园内、外教育资源的贯通和整合。青岛市实验幼儿园构建的图书馆资源库涉及幼儿在园的一日生活,也涉及家庭图书阅读环境的规划。

我们看到,幼儿园要实现家庭资源与幼儿园资源的贯通,其实需要的是理性的思考。我们看到了园长、教师和家长们的调查和反思,我们看到了教师设计家长参与活动前对现状的分析和思考。如果我们能与家长一起坐下来去真正发现他们的困惑与烦恼,幼儿园将成为家长进行家庭教育的有力推手,真正起到引领家庭早期阅读的作用。

一路走来

历经三个春秋，我们怀揣着对教育部专业委员会副主任、中国学前教育研究会理事长、南京师范大学教育学部学前研究所所长虞永平教授的感恩，怀揣着我们自己对开放教育研究的孜孜追求，《书屋的故事》的出版，又一次让我们的心灵得到升华。

2009年11月，在繁忙的日常工作中，我们欣然接受了虞永平教授对我园提出的撰写该书的要求。我想，虞老师之所以让我们从图书馆建设的角度，将我们在实践中的所思、所想、所做、所感加以总结和提升，应该归结于虞老师对我们的充分信任和支持。因为自1993年我园创建至今，一路走来，虞老师见证了我们的成长。他在百忙中几乎每年都会抽出宝贵时间，深入我们的教育现场与园领导和教师密切互动交流，传递他对教育和幼儿的理解；结合园长、教师的专业发展状态给予最适宜的指导。该书是我们对开放教育的深化研究、深度反思和实践总结。如果说青岛市实验幼儿园的开放教育是一张亮丽的名片，那么，这张名片的亮度在很大程度上得益于虞老师对她的擦拭。此时此刻，我依然要大声向大家敬仰的虞老师说声："谢谢！"与此同时，要特别感谢南京职业教育学院的秦奕博士，她亲自参与该书的策划，亲自为我们团队中成员撰写的书稿进行修改、完善、提升。她所付出的辛劳，令我们难忘和感动。

我园对于幼儿图书馆建设的实践研究，发起于建园初期，历经近二十年的探索与实践，时至今日，对其进行再反思，基于以下几点：

一是设立园级公共阅读区,营造良好的阅读氛围。我们把每一个园区门厅或廊道中的适宜空间规划创设为"书吧"——亲子阅读区,引导家长在接幼儿离园时,能自主选择幼儿喜欢的图画书,陪同他们一起阅读,以逐步引导家长成为幼儿阅读的重要他人。在这个家庭式的"书吧"里,家长们从不懂得阅读对自己和幼儿的重要影响,到积极主动地带领幼儿走进"书吧",陪伴着幼儿畅游在读书的世界里,他们收获的不仅是亲子关系的增进,更重要的是从中体验到与幼儿一起阅读的幸福快乐。

对于管理者和教师而言,从创建"书吧",到管理"书吧",从中探索、总结出一些有价值的经验。如每月一次对"书吧"中的图画书进行更换,每次更换什么样的书目;在"书吧"中制作"温馨提示语",如何引导家长与幼儿一起阅读,如何爱护图画书,不能随意将图画书带走等;为避免图画书的丢失,在此安装上摄像镜头,以规范家长的行为。长此以来,公共阅读区成为家长、幼儿的乐园。

二是强化园级幼儿图书馆的建设和管理,提升幼儿阅读质量。"以书为友,与书为伴"是我们设立"阅读节"的出发点和归宿点。要培植幼儿的阅读兴趣,就得拥有足够数量的图画书供他们选择、阅读。我们每年为每个园区幼儿图书馆列支10万元左右作为专项经费,配置足够数量、不同种类的幼儿图画书,供各班教师开展主题课程实施和幼儿每周借阅使用。除此以外,自2009年起设立的"蒲公英图书馆",其目的依然是营造良好的阅读氛围,引导这些特殊时代的"小皇帝""小公主"们懂得如何表达爱心,如何学好关爱他人,怎样让爱扎根。

为提升幼儿借阅图画书的质量,我们为每个幼儿图书馆配备专职或兼职管理员,在幼儿借阅时提供有效管理和指导。到幼儿图书馆和"蒲公英图书馆"借阅自己喜欢的图画书,带回家与家长一起阅读已成为幼儿们生活和学习的方式。

三是强化班级图书区的创设与应用研究,培植幼儿的阅读习惯。我们要求各年龄班在创设区域环境时必须设立图书区,在课程实施的过程中,选择、投放与主题相适宜的足够数量的图画书供幼儿自主阅读。为个别幼儿在班级举办书展,将家庭中好看的图画书分享给同伴,以培养幼儿喜欢阅读、乐于分享、愿意购书的良好习惯。

课程实施的过程中,园领导随时走进教育现场指导、了解图书区所投放的图画书是否围绕着当下所实施的主题,种类是否丰富,幼儿在其中的阅读习惯如何,教师

的指导是否有效,幼儿利用不同主题中投放的图画书开展了哪些有意义的活动等;学期末,依据各年龄班课程实施过程中教师所列出的重点阅读书目,我们随机请部分幼儿进行现场阅读,以考察、了解幼儿的阅读水平,引导教师进行有针对性的反思与分享。

四是强化家庭阅读环境的创设与指导,提升家庭阅读的质量。我园于2009年的"六一"国际儿童节,启动了"青岛市实验幼儿园第一届阅读节"。启动仪式上,一是请个别家长向全体家长发出倡议,号召家长们成为儿童图画书的爱好者、鉴赏者,在家庭中为幼儿配备书橱、小书桌,陪同他们一起阅读,在阅读中增进亲子关系。二是表彰"书香家庭"优秀代表,以带动家长们重视家庭中的儿童阅读。三是设立"蒲公英图书馆",确立徽标,赋予徽标文化内涵,向家长和小朋友们解读,使其了解意义。四是请毕业班幼儿将自己喜爱的图画书赠送给在园的弟弟、妹妹们。五是向捐赠图画书的家长赠送"蒲公英图书纪念卡"。之后的每年庆"六一"活动,便是我园举行"阅读节"的延续,且都要评选新一轮的"书香家庭""故事大王""小书虫"等奖项,予以表彰。历经数届"阅读节",我园已形成了一整套举办"阅读节"的系列活动,且深深影响着家长们对幼儿阅读理念和行为的转变。如今,在家庭中为幼儿设立专门的书房,配置多种类的图画书,在每个主题实施前,从家庭中选择适宜的图画书,在爸爸、妈妈的陪伴下,到书城购买适宜的图画书,带到班级与同伴分享,是家长和幼儿最开心的事情。园领导和老师们从中获得了诸多有益的经验。

该书的撰写过程是开放教育研究者扎根于教育实践研究的成长过程,其中第一章中第一节由分园园长张岩撰写,第二节由侯琛老师撰写,第三节由副园长朱泳撰写;第二章由园长宁征撰写;第三章第一节由宁征撰写,第二节由朱泳、罗杰、张岩、孙琦(分园园长)共同撰写,第三节由朱泳撰写;第四章中第一节由宁征撰写,第二节由罗杰、杨柳老师撰写,第三节由张岩撰写,第四节由朱泳撰写,第五节由孙琦撰写;第五章中第一节由南京特殊教育职业技术学院副教授秦奕和宁征共同撰写,第二节第一部分由张岩撰写,第二部分由朱泳撰写,第三节第一、二、三部分由孙琦撰写,第四部分由罗杰撰写。

多年来,围绕着培养幼儿良好的阅读习惯所进行的探究,令我们欣慰。研究的

过程尽管漫长和艰辛,但是,它在成就每一名参与研究的园领导和教师专业智慧发展的同时,也成就了家长们在其中的有益发展,最重要的是成就了幼儿的快乐、幸福成长。喜欢阅读是青岛市实验幼儿园教师、幼儿、家长的重要生活、学习方式和习惯。我想,本书的出版,仅仅是我们探究幼儿阅读的一个驿站,因专业水平有限,其中难免会有诸多不尽人意之处,敬请大家谅解。如果该书能为学前教育的同仁、家长朋友和广大读者提供有价值的信息,就是我们最大的收获。

(青岛市实验幼儿园　宁　征)

图书在版编目(CIP)数据

书屋的故事：幼儿图书馆建设与利用／宁征主编．—南京：南京师范大学出版社，2015.11 (2021.12重印)
ISBN 978-7-5651-2343-6

Ⅰ.①书… Ⅱ.①宁… Ⅲ.①儿童图书馆-图书馆工作-研究 Ⅳ.①G258.7

中国版本图书馆 CIP 数据核字(2015)第 224383 号

书　　名	书屋的故事——幼儿图书馆建设与利用
主　　编	宁　征
主　　审	秦　奕
丛 书 名	幼儿园课程资源丛书
丛书主编	虞永平　张　斌
责任编辑	王　瑾
出版发行	南京师范大学出版社
地　　址	江苏省南京市宁海路 122 号（邮编：210097）
电　　话	(025)83598919（总编办）　83598412（营销部）　83598297（邮购部）
网　　址	http://www.njnup.com
电子信箱	nspzbb@163.com
照　　排	南京凯建图文制作有限公司
印　　刷	江阴金马印刷有限公司
开　　本	787 毫米×1092 毫米　1/16
印　　张	12
字　　数	261 千
版　　次	2015 年 11 月第 1 版　2021 年 12 月第 3 次印刷
印　　数	1～3 600 册
书　　号	ISBN 978-7-5651-2343-6
定　　价	48.00 元
出 版 人	张志刚

南京师大版图书若有印装问题请与销售商调换
版权所有　侵犯必究